中小企業は『懲戒処分』を使いこなしなさい

弁護士
竹村　淳

特定社会保険労務士
安中　繁

労働新聞社

はじめに

　「いい人・いい社長」を自負する、特にスタートアップ時期の夢と希望に満ち満ちた経営者さんは、社労士と二人三脚で就業規則を策定していこうとする過程で「懲戒処分の条文はいらないですよ、ボクが大切な仲間である社員を懲戒するなんてことはないから」と誇らしげに語ってくださることがあります。しかし、それでは発展的な組織は作れないかもしれないことを知っておいていただきたいのです。

　適正な懲戒処分に関するルールを持っていないと次のような弊害が起こることを実際に私は目の当たりにしてきました。

①社長の好みで物事が決まるため、社長の目の届く規模を超えて企業が成長しない
②社長の価値観に合わない言動に対して処分（までいかなくても冷遇）されるため、真に有能な人財が定着しない又は活躍しない
③社会に存在する組織として社会に対する責任を果たせない

　中国の思想家・韓非子は、法律・ルールによって人民を統制すべきだと言っています。法律・ルールを厳格に適用すべきであって、主君の好みでルールを変更してはならないとも言っています。韓非子は冷徹な思想家という印象を持っている方も多いと思いますが、会社における懲戒処分の実務にあっては、まさに法によって人を統治することが大切なことだと思い知らされます。

　懲戒処分に関する専門書・実務書は巷にあふれています。私の本棚にもたくさんの素晴らしい著書が並んでいます。しかし、そのど

れもが法律を学んだことがない一般人には難解であることに課題を感じていました。

　本書は、会社経営を始めたばかりの経営者、人事労務分野に配属されて間もない実務担当者、また、それらの方々と日々対話をしている社会保険労務士や弁護士の専門家の方々に手に取っていただけるよう、法律と現場の橋渡しを日常としている社会保険労務士の視点から構成しています。弁護士の竹村先生を共著者にお迎えし、判例を含む難解な懲戒処分の論点を分かりやすく平易に解説していただきました。

　本書がきっかけとなり、ルールにより公正に経営をしていくことが、大切な仲間である社員への愛であるとお考えいただけるようになれば幸いです。

　2018 年 6 月

　　　　　　　　　特定社会保険労務士　安中　繁

3

目　　次

第1章　総論

Q1　そもそも懲戒処分って、なんのためにあるものなの？
　　……………………………………………………………… 12

Q2　罪刑法定主義ってなんですか？ ……………………… 14

Q3　こんな場合に、どんな懲戒になる、必ず紐付けされ
　　てなければいけない・・・となると、考えられる「悪
　　さ」を細かく決めておかなきゃならない？ ………… 16

Q4　1つの非違行為に対して複数の懲戒処分を組み合わ
　　せて行うことはできるの？ ………………………… 18

Q5　戒告処分にした後に、同じ非違行為について出勤停
　　止するのはダメなの？ ……………………………… 23

Q6　担当顧客をもって退職し独立する従業員が発生。自
　　己都合退職でしたが、遡って懲戒解雇とすることは可
　　能ですか？ ………………………………………… 27

Q7　派遣労働者が無断欠勤・遅刻を繰り返しています。
　　派遣先は懲戒処分できますか？ …………………… 29

Q8　セクハラをした出向社員を出向先は懲戒処分できる？
　　……………………………………………………………… 31

Q9　行方不明者となった社員を懲戒解雇したいけど、ど
　　う手続きすればいい？ ……………………………… 33

Q10　取締役は懲戒解雇できるの？ ……………………… 35

Q11　賞罰委員会は設置する必要があるの？ ……………… 38

Q12　懲罰委員会での決定は絶対のもの？ ……………… 41

Q13　懲戒の種類はどんな設定にするのが普通なの？ ……… 44

Q14　論旨解雇、論旨退職、懲戒解雇って何が違うの？ …… 46

Q15　懲戒解雇と普通解雇の違いは何？ ……………… 48

4

Q16 懲戒解雇した社員から解雇予告手当の請求が。これ
　　 は支払わないといけませんか？……………………… 50

Q17 減給の制裁の対象にボーナスは含まれるの？……… 53

Q18 懲戒処分で左遷ってできるの？　懲戒処分としてで
　　 きない場合、人事異動で懲罰的な配転命令をすること
　　 はできるの？…………………………………………… 55

Q19 懲戒解雇とした従業員から退職金を支払えとの請求
　　 が。就業規則通りの対応ではだめなの？……………… 57

Q20 懲戒解雇する前に自主退職した従業員が退職金を求
　　 めてきました。自主退職時の退職金不支給の定めがな
　　 い場合、どんな悪質な従業員でも払わなければなりま
　　 せんか？………………………………………………… 59

Q21 代表取締役を誹謗した従業員を懲戒解雇したいけど、
　　 問題点は？……………………………………………… 61

Q22 部下が大金を横領！　監督責任として上司も処分し
　　 たいのですが、問題点はありますか？………………… 64

Q23 内部告発を懲戒処分する場合の注意点は？………… 66

Q24 懲戒処分に時効は？　昔の事案でも処分できる？…… 69

Q25 懲戒処分した後に、別の処分理由が発覚。前の処分
　　 に追加して処分することは可能？……………………… 71

第2章　各論

◆手続

Q26 「セクハラされた！」と訴えてきた女性社員。加害
　　 上司への処分決定前になにをすればいいの？………… 76

Q27 調査などを経て処分を決定するまでの間、自宅待機
　　 にさせようと思います。この間の給料は払わないとい
　　 けないの？……………………………………………… 79

5

Q28 決定した処分は、口頭で伝えても有効なの？ 書面
　　 通知が必須なの？……………………………………………… 81

Q29 ある日、職場に「○○を懲戒処分にしました。その
　　 理由は・・・」と貼り紙がしてありました。これって、
　　 やっても平気なの？………………………………………… 85

Q30 ハラスメント被害者に、加害者である従業員への処
　　 分内容を知らせるべき？…………………………………… 88

Q31 懲戒解雇したけど、後から普通解雇にすることはで
　　 きる？…………………………………………………………… 90

Q32 問題社員の同僚に聞き取り調査をしたら回答拒否。
　　 この同僚も懲戒はできるの？……………………………… 92

Q33 セクハラを受けている間にスマホで録音。無断で録
　　 音したから証拠にはならない？…………………………… 94

◆経歴詐称

Q34 本当は高学歴なのに低学歴と詐称していた。この場
　　 合、経歴詐称で懲戒はできるの？………………………… 96

Q35 採用後に前科者である噂が。事実だった場合、懲戒
　　 解雇できる？…………………………………………………… 98

◆職務懈怠

Q36 会社の許可なくソフトをパソコンにインストール。
　　 それを私的利用していた従業員を懲戒処分したい。… 102

Q37 居眠りが目立つ社員に問いただすと、「睡眠時無呼
　　 吸症候群」という病気なんですという。この場合は居
　　 眠りしていても処分できないの？………………………… 104

Q38 うつ病になっている社員の非違行為は懲戒処分対象
　　 としてはいけないの？……………………………………… 108

◆職場規律違反

Q39 「髭は似合う人に限り認める」というルールがある我
が社。似合わない人が髭を携えているとき、髭を剃っ
てくることを命じ、従わなければ懲戒処分の対象とす
ることはできる？……………………………………… 110

Q40 セクハラと懲戒処分①
具体的にどんな行為が懲戒事由になる？…………… 112

Q41 セクハラと懲戒処分②
セクハラに関する懲戒処分で注意すべき点は？……… 114

Q42 セクハラと懲戒処分③
セクハラが理由の懲戒解雇にはどんなものがある？… 116

Q43 上司からの言動で抑うつ状態になり働けなくなった
との申出が。パワハラであれば処分するけど、そもそ
もどんな言動がパワハラに該当するの？…………… 119

Q44 上司に暴言・暴行を加えた従業員を懲戒解雇にする
のは当然？……………………………………………… 126

Q45 会社の重要情報を自身の弁護士に開示した従業員。
会社としては処分したいのですが、できますか？…… 128

Q46 就業規則で兼業禁止しているのに、他社で勤務して
いる従業員がいました。当然、懲戒解雇できますよね？
……………………………………………… 130

Q47 オリンピック観戦のため14日間欠勤。届出をして
いれば無断欠勤にはならない？……………………… 133

◆服務規律違反

Q48 遅刻を繰り返しているのに遅刻届を出さない従業員
に始末書を求めたところ提出を拒否。懲戒処分したい
けど問題ありますか？………………………………… 135

Q49 性同一性障害者の男性が、許可なく女性の服装で勤
務しています。懲戒処分としていいのでしょうか？… 137

7

◆業務命令違反

Q50　我が社では「社長命令即実行」と横断幕が掲げられています。これに違反すると懲戒処分を受けます。これも、定めておけば「アリ」なのですか？………… 139

Q51　業務上、所持品検査を日常的に行っていますが、拒否する従業員がいました。懲戒解雇できますか？…… 141

Q52　人事異動の命令を無視。懲戒できますか？………… 144

Q53　自宅待機を命じていたのに、なんと！無断で旅行に‼これは処分を重くする事情になるの？………………… 147

◆横領着服

Q54　お客さんからこっそりもらった商品券。これを会社に報告しなかった従業員を処分できる？……………… 150

Q55　売上を着服した従業員を処分する上での注意点は？………………………………………………………… 152

Q56　減給の制裁に上限はあるの？………………………… 154

◆私生活上の非行

Q57　社内不倫に対して、どのような懲戒処分ができますか？……………………………………………………… 157

Q58　業務終了後に酒気帯び運転で逮捕されたタクシー運転手を懲戒解雇するのは問題ない？………………… 159

Q59　ストーカー行為に及んでいた従業員を会社は懲戒できる？…………………………………………………… 161

コラム：ひとことメモ

① 量定とは？……………………………………………… 20

② 情状酌量とは？………………………………………… 107

③ パワハラ予防は会社の責務…………………………… 124

④ 立証責任とは？………………………………………… 156

書式例・様式

始末書……………………………………………………… 25

顛末書……………………………………………………… 26

懲罰委員会規程…………………………………………… 40

弁明機会付与通知書……………………………………… 43

解雇予告除外認定申請書………………………………… 52

内部通報制度 受付票 …………………………………… 68

懲戒処分通知（譴責）…………………………………… 83

懲戒処分通知……………………………………………… 84

部下指導記録……………………………………………… 123

副業・兼業許可申請書（兼 定期報告書） ……………… 132

自宅待機命令書…………………………………………… 149

第1章
総論

1　そもそも懲戒処分って、なんのためにあるものなの？

> **Q** ベンチャーで立ち上げた会社の経営者です。就業規則を策定するにあたり、できるだけシンプルで必要最低限のものにしたいと思っています。厚生労働省のサンプルで示されている就業規則例を見てみると、「表彰と懲戒」という項目があるのですがピンときません。なんのために制定するものなのでしょうか？　そしてこれは法律上定めなければいけないものなのでしょうか？

　会社が存続していくうえで、会社が従業員に対し、当該会社の構成員として守るべきルール（会社秩序）を設定する必要があることは、異論のないところだと思います。

　懲戒処分とは、そのルールの実効性を確保するべく、ルールを守らない従業員に対して科す制裁罰であるといえます。

　懲戒に関する条項を就業規則に定めなければならないとの法律上の規定は存在しませんので（労基法89条9号参照）、守るべきルールが存在しない、または、従業員がルールを守らなくてもよいのであれば、就業規則に懲戒に関する条項を定める必要はありません。もっとも、そのような会社は、現実的には、存在しないのではないでしょうか。

　では、就業規則に懲戒に関する条項を定めなくとも懲戒処分は可能なのでしょうか。また、就業規則に懲戒に関する条項を定めておけば、その内容を従業員に知らせなくとも懲戒処分で

きるのでしょうか。

　この点につき、最高裁は、使用者が労働者を懲戒するには、あらかじめ就業規則において懲戒の種別および事由を定め、その内容を適用を受ける事業場の労働者に周知させる手続きが採られていることが必要としています（最判平15.10.10）。

　最高裁がいかなる根拠から「就業規則」に懲戒の種別および事由を定める必要があるとしているのか、就業規則に定めがない場合はいかなる場合も懲戒ができないのかなど理論的に興味深い問題はありますが、実務的には、懲戒処分する可能性がゼロではないのであれば、就業規則に懲戒の種別および事由を定め、それを周知する手続きをとるべきです。

　　　　　　会社を立ち上げたばかりの時期は、人数も少なく全員が社長の理念に共感しているでしょうから、殊更に「守るべきルール」を明確にしておかなくても円滑に会社運営ができるでしょう。しかし人が増えてくれば、それだけ価値観の違いも増えてきます。本人に悪気が無くても会社にとって好まれない行動をする従業員も出てくるかもしれません。そんなときに「会社で守るべきルール」が定められていて、さらに「守らなかった時に科される処分」も定められていたら、従業員は最低限定められたルールを守ろうとするものです。

　懲戒処分の規定を就業規則に置いておくことで、無用なトラブルや非違行為が発生することを抑止する効果が期待できます。一緒に働く仲間がお互いに嫌な思いをすることがないよう、あらかじめ懲戒処分規定を定めて周知しておくことが会社の発展の背中を押すことになりますよ。

2 罪刑法定主義ってなんですか？

Q 懲戒処分と罪刑法定主義は関係があるという話を聞いたことがあるのですが、どういう意味ですか？　そもそも罪刑法定主義がどういう意味なのかよくわからないので、そこから教えてください。

　　罪刑法定主義とは、事前に犯罪として法律に定められた行為だけが、犯罪として処罰することができるという考え方をいいます。

　　罪刑法定主義は、事前に犯罪として法律に定められていなければ、逆に言えば、行為後に定められた法律により、行為時に遡って犯罪として処罰されることになれば、その行為をしても大丈夫なのかどうかわからず、行動の自由が制約されることになってしまうので、それを防ぎ、行動の自由を確保することを目的としています。

　このような目的から、罪刑法定主義における法律とは、何が犯罪であるのかを明確に読み取れるものでなければならないとされています（明確性の原則）。

　また、明確であればいかなる内容でもよいのかといえば、そうではなく、行動の自由を確保するという目的から、無害な行為を処罰するような法律は、理由なく行動の自由を制約するものですので、いかに明確なものであったとしても、罪刑法定主義のいうところの法律に該当しないと考えられています。

　さらに、有害な行為であるとしても、過剰に重い刑罰を科すことは、これも、行動の自由を不当に制限するものとして、許

されないと考えられています（罪刑の均衡）。

　では、なぜ罪刑法定主義が懲戒処分と関係があると考えられているのでしょうか。

　懲戒処分は会社の定めたルールに違反する行為に対する制裁であり、法律によって犯罪と定められた行為をしたことに対して刑罰を科すという刑事手続きと類似しているといえます。そうであれば、刑事手続きの原則中の原則といえる罪刑法定主義は、懲戒処分においても参照されるべきという理屈です。

　罪刑法定主義は、懲戒処分の有効性を考えるうえで、非常に重要な原則です。少なくとも、ここに書いてあるくらいのレベルでは、理解しておきましょう。

　なお、懲戒処分にあたって参照されるべきとされている刑事手続き上の原則は、罪刑法定主義に限られず、例えば、一事不再理の原則もありますが、これについてはＱ４、Ｑ５で解説します。

　　　　　　A社では、ランチタイムの軽い飲酒は認められており、実際、一定数の社員がランチビールなどを楽しんでいます。B社では、勤務時間中の飲酒は服務規律違反と定められています。このように、会社が変われば罪となる行為の定義・範囲も変わるため、どんな行為が罪に問われるのかを予め定めておかないと、罰することができないということなのです。「仕事中に酒を飲むなんて言語道断！飲酒は懲戒が常識だろ！」と思われる方もあるかもしれませんが、職場環境もグローバル化が進んでいる今、社長の常識が全社員の常識と完全に一致することはないと理解し、「我が社の服務規律（とそれに対する違反行為）」を明確に定めておくことがトラブル防止に有効ですね。

3 こんな場合に、どんな懲戒になる、必ず紐付けされてなければいけない・・・となると、考えられる「悪さ」を細かく決めておかなきゃならない？

Q Q2で、「○○の場合に科される処分は◇◇」というように、明確に定めが置かれていなければならないと知りましたが、処分対象となるような行為は奇想天外に発生するものではないでしょうか？ すべてを具体的に予定しておかないと、処分はできないということになるのでしょうか？

懲戒するべきことは明らかであるが、該当する懲戒事由が存在しないがゆえに懲戒できないことを避けるための方法としては、懲戒事由を列挙したあとに、「その他前各号に準ずる不都合な行為があったとき」というような包括的な定めを置くことが考えられ、そのような定めをおくことが実務上一般的に行われています。

この点、Q2をすでにご覧になった方は、このような定めは、罪刑法定主義の観点から問題があるのではないかと思われるかもしれません。そして、その問題意識は正しいと思います。

しかし、このような条項は「前各号」までに定めた行為以外の行為で、かつ、そのような行為を行った従業員を懲戒することが相当である行為を懲戒の対象とする定めであると理解することができますし、同条項により懲戒の対象となる行為は「前各号」に類似する内容であり、かつ、企業秩序維持の観点から「前各号」と同程度の不利益を会社に及ぼすものと限定的に解釈すれば、過度に懲戒対象を拡大することにもならないと思われます。したがって、条項自体が罪刑法定主義に反し、無効という

ことにはならないと考えられます。

　もっとも、現実にこのような条項を適用するにあたっては、問題となる行為が「前各号」に類似するかどうか、そして、その不利益性が「前各号」と同程度かを慎重に検討する必要があります。

　なお、このような条項に基づく懲戒処分を有効とした裁判例として、最判昭 58.9.8、東京地判平 12. 2.28 等があります。

　懲戒処分を決定するにあたっては、職場における法律に相当する就業規則に「刑と罪」にあたる「懲戒の種別と事由」を明示しておくことが前提になりますが、事由には、個別具体的なもののほか「その他前各号に準ずる不都合な行為があったとき」という包括的条項を付け加えておきましょう。この条項を根拠に処分決定を行う際は、慎重に事案の検討を行った上で決定することが肝要ですね。

4　1つの非違行為に対して複数の懲戒処分を組み合わせて行うことはできるの？

> **Q**　弊社では、戒告に加えて減給を行うとか、出勤停止に加えて降格を行うなど、懲戒処分を組み合わせて行うことを想定しています。
> 　ところが、先日、従業員に対して出勤停止7日間のうえ、課長職の解任を命じたところ、「一事不再理の原則に違反している」として不服の申出がありました。2つの処分を行うことは、不可能なのですか？

　懲戒処分と刑事手続きの類似性から、懲戒処分をするにあたっては、刑事手続き上の諸原則を参照すべきとされていることは、既に述べたとおりです（Q2参照）。

　本件で問題となる刑事手続き上の原則は、一事不再理の原則です。一事不再理の原則とは、一度判決が確定した以上は、同じ行為について再び刑事上の責任を問われることはないとする原則のことをいいます（憲法39条）。例えば、ある窃盗行為に対し一度有罪判決がされ、それが確定した以上は、同じ窃盗行為について、再度、刑事裁判にかけられることはなく、また、後から刑罰が重くなったり、刑罰が追加されることはありません。

　これとは異なり、ある犯罪行為に対して行われる同一の刑事裁判において、刑罰を併科することは、一事不再理の原則には反しません。例えば、会社法上の特別背任罪は、懲役刑と罰金刑の併科が認められていますので、1つの犯罪行為に懲役刑と罰金刑という2つの刑罰を同時に科すことができます。

　以上は懲戒処分において一事不再理の原則を参照するときに

も妥当します。

　設問の場合を見てみると、そもそも前提として「出勤停止」処分と「課長職の解任」処分を同時に科すことのできる旨の規定が必要です。

　この規定があるとして、そのうえで、「出勤停止」処分と「課長職の解任」処分が行われたタイミングが問題になります。

　「出勤停止」処分と「課長職の解任」処分が同一の懲戒処分手続きの中で行われたといえる場合は適法となりますし、「出勤停止」処分を科した後に、改めて「課長職の解任」処分を科したという場合は、一事不再理の原則に反し、違法ということになります。

　理論的にはこのようにいえますが、実務的には、2つの懲戒処分が同一の懲戒処分手続きのなかでされたといえるのかについて判断が微妙な場合があり（処分の告知時期にズレがある場合等）、そこから紛争が生じる可能性があるので、併科する場合は慎重な対応が必要です。

　複数の処分を組み合わせることができるのですね。それにしても、単一の懲戒処分を決定するのですら難しいのに、複数組み合わせた処分を決定するのは至難の業のようにも思えます。

　社労士目線からみると、「降格」は懲戒処分として実施するほか、人事上の措置として実施することも可能だという点を指摘しておきたいと思います。7日間の出勤停止処分を受けるほどの懲戒事案を発生させたのですから、課長職に置いておくことは相応しくないと判断されることも十分に想定されます。

　もし、課長職を解くという人事上の措置を懲戒処分ではなくして実施しようとするならば、合理的な人事制度、就業規則の定めがあることが求められ、その制度に当てはめて課長職が解かれることが妥当であると判断できる必要があります。

ひとことメモ①　　量定とは？

　量定とは、「重さをはかって決めること」を意味する言葉です。

　従業員の非違行為について、使用者が懲戒処分の重さを決定することを「処分量定」といいます。また、刑事裁判では、「懲役５年」などの被告人に言い渡す刑の重さを決定する裁判所の判断を一般に「量刑」といいます。

　刑事手続きの考え方が懲戒処分についても参照されるべきことは既に述べたとおりですが、刑事裁判では犯人が犯した罪に見合った刑が科されるべきなのと同様に、懲戒処分の重さも、それぞれの事案における非違行為の性質に見合ったものでなければいけません。

　刑事裁判では、量刑の決定にあたっては、①犯罪の種類や罪質といった客観的な事情（いわゆる犯情）によってまず量刑の大枠を定めた後に、②犯行の動機・目的や、被告人の年齢・正確、反省態度、被害感情といった一般情状を総合考慮して、最終的な量刑判断を行っています。

　懲戒処分においても、まず考慮されるべきは、処分の対象となった従業員の非違行為の性質・態様がどのくらい悪質なものであったのかという客観的な事情です。

　そのうえで、非違行為に至った経緯や動機に酌むべき事情がなかったかどうか、非違行為の発覚の経緯（従業員が自らの非違行為が発覚する前に自主的に申し出ていたか否かなど）、当該従業員の過去の懲戒処分歴（特に、同種の非違行為による懲戒処分歴の有無）、他の従業員に対する過去の同種の懲戒処分の内容との均衡などを総合的に考慮して、適正な量定を決定するという手順を取るのがよいでしょう。

　参考資料として、人事院が公表している懲戒処分の量定基準を掲載しておきます。この量定基準でも、基本的には上に述べたような判断手法が用いられています。この基準は公務員に対する懲戒処分の基準であるため、民間企業における懲戒の処分量定にそのまま当てはめる必要はありませんが、参考にしてみてください。

総論

事　　由		免職	停職	減給	戒告
1 一般服務関係	(1) 欠勤				
	ア　10日以内			●	●
	イ　11日以上20日以内		●	●	
	ウ　21日以上	●	●		
	(2) 遅刻・早退				●
	(3) 休暇の虚偽申請			●	●
	(4) 勤務態度不良			●	●
	(5) 職場内秩序を乱す行為				
	ア　暴行		●	●	
	イ　暴言			●	●
	(6) 虚偽報告			●	●
	(7) 違法な職員団体活動				
	ア　単純参加			●	●
	イ　あおり・そそのかし	●	●		
	(8) 秘密漏えい				
	ア　故意の秘密漏えい	●	●		
	自己の不正な利益を図る目的	●			
	イ　情報セキュリティ対策のけ怠による秘密漏えい		●	●	●
	(9) 政治的目的を有する文書の配布				●
	(10) 兼業の承認等を得る手続のけ怠				●
	(11) 入札談合等に関与する行為	●	●		
	(12) 個人の秘密情報の目的外収集			●	●
	(13) セクシュアル・ハラスメント				
	ア　強制わいせつ、上司等の影響力利用による性的関係・わいせつな行為	●	●		
	イ　意に反することを認識の上での性的な言動の繰り返し		●	●	
	執拗な繰り返しにより強度の心的ストレスの重積による精神疾患に罹患	●	●		
	ウ　意に反することを認識の上での性的な言動			●	●
2 公金官物取扱い	(1) 横領	●			
	(2) 窃取	●			
	(3) 詐取	●			
	(4) 紛失				●
	(5) 盗難				●
	(6) 官物損壊			●	●
	(7) 失火				●
	(8) 諸給与の違法支払・不適正受給			●	●
	(9) 公金官物処理不適正			●	●
	(10) コンピュータの不適正使用			●	●

事　　　由		免職	停職	減給	戒告
3 公務外非行関係	(1) 放火	●			
	(2) 殺人	●			
	(3) 傷害		●	●	
	(4) 暴行・けんか			●	●
	(5) 器物損壊			●	●
	(6) 横領				
	ア　横領	●	●		
	イ　遺失物等横領			●	●
	(7) 窃盗・強盗				
	ア　窃盗	●	●		
	イ　強盗	●			
	(8) 詐欺・恐喝	●	●		
	(9) 賭博				
	ア　賭博			●	●
	イ　常習賭博		●		
	(10) 麻薬等の所持等	●			
	(11) 酩酊による粗野な言動等			●	●
	(12) 淫行	●	●		
	(13) 痴漢行為		●	●	
	(14) 盗撮行為		●	●	
4 飲酒運転・交通事故・交通法規違反	(1) 飲酒運転				
	ア　酒酔い	●	●		
	人身事故あり	●			
	イ　酒気帯び	●	●	●	
	人身事故あり	●	●		
	措置義務違反あり	●			
	ウ　飲酒運転者への車両提供、飲酒運転車両への同乗行為等	●	●	●	●
	※飲酒運転をした職員の処分量定、飲酒運転への関与の程度等を考慮し決定				
	(2) 飲酒運転以外での人身事故				
	ア　死亡又は重篤な傷害	●	●		
	措置義務違反あり	●	●		
	イ　傷害			●	●
	措置義務違反あり		●	●	
	(3) 飲酒運転以外の交通法規違反				
	著しい速度超過等悪質な交通法規違反		●	●	
	物損・措置義務違反あり		●	●	
5 監督責任	(1) 指導監督不適正			●	●
	(2) 非行の隠ぺい、黙認		●	●	

人事院事務総長発：懲戒処分の指針について（平成 12 年 3 月 31 日職職─68）

5　戒告処分にした後に、同じ非違行為について出勤停止するのはダメなの？

> **Q** たびたび遅刻してくる従業員がおり、戒告処分を決定し本人には本処分を通知するとともに始末書の提出を命令しました。ところが始末書を提出してこないどころか反省している様子もなく遅刻も改善されません。始末書を提出してこないため、今度は出勤停止処分を決定しようかと思うのですが、「同じ行為に対して別の処分を科すことはＮＧ」と言われました。納得がいきません....

既に述べたように（Q2、Q4）、懲戒処分は、刑事罰との類似性から、刑事手続きの諸原則を参照すべきと考えられています。

刑事手続きにおいては、一度刑事処分がされた事件について、再度の訴追を許さないとする原則があり（一事不再理の原則）、懲戒処分についても、同原則の適用により、過去に懲戒処分の対象となった行為について重ねて懲戒することはできないですし、過去に懲戒処分の対象となった行為について反省の態度が見られないことだけを理由に懲戒することもできないとされています（東京地判平 10.2.6）。

しかし、今回のケースは「戒告処分をしたが遅刻は改善されない」とのことですので、前回の懲戒処分の対象となった遅刻とは別の遅刻が存在するということだと思います。

この部分は懲戒処分を受けていないので、この部分について懲戒することは、一事不再理の原則に反せず、許されると考え

られます。

　ところで、懲戒処分する際、過去に懲戒処分を受けていることを考慮して重い処分を科すことはできるのでしょうか。

　これについては、刑事手続きでも、量刑において前科を考慮することが許されていることからすれば、過去に処分を受けたことを情状として考慮することは許されますが（大阪地判昭38.2.22）、新たに処分の対象とする行為が実質的に同一であるといえる場合は、一事不再理の原則に反し、許されないと考えられます（札幌高判平 13.11.21）。

　　　　　　遅刻を理由に戒告処分を科した後、その後の遅刻を理由に出勤停止処分を科すことはできそうですね。

　竹村先生のアドバイスのポイントは、戒告処分を科した遅刻とは「別の遅刻」について出勤停止処分を行うことはＯＫという点です。始末書を提出しないことを理由に処分を行うのは止めておいたほうが無難です。

　始末書は通常、発生した事案について反省の弁を述べさせ、将来の再発防止を誓約させる文言を含むものであり、思想・良心の自由（憲法 19 条）に関わる問題でもありますので、従業員が強い意思をもって提出を拒んでいることも考えられるからです。始末書の提出を拒否するようであれば、顛末書（事実関係だけを報告させる文書）の提出を求めましょう。

書式例：始末書

総論

始末書

年　月　日

_____ 殿

所　属　_____
氏　名　_____ 印

　この度、下記の件につきましては、会社に多大なご迷惑をお掛けしたことを誠に申し訳なく存じております。深く反省し、今後は二度とこのような不始末を繰り返さないように十分注意することをここに誓い、本書を提出致します。

件　名	
状況説明	
今後の対応	

書式例：顛末書

顛末書

年　月　日

_____殿

所　属　_____

氏　名　_____印

　この度、下記の件につきまして、発生内容及び経緯、その原因と今後との対応についてご報告いたします。

件　名	
状況説明	・事実の内容と経緯 ・事実発生の原因
今後の対応	

26　第1章　総論

6 担当顧客をもって退職し独立する従業員が発生。自己都合退職でしたが、遡って懲戒解雇とすることは可能ですか？

Q 営業従業員が退職した後に、担当顧客を次の就職先に連れて行ってしまったことが判明しました。自己都合退職として手続きを行い、すでに退職金の支払いも終えていますが、いまから懲戒解雇に切り替え、支払い済みの退職金について返還請求することは可能でしょうか？

　懲戒処分は雇用関係が存在することを前提とするものですので、従業員が退職した後はもはや、当該従業員を懲戒解雇できません（東京地判平14.9.3）。したがって、「懲戒解雇したとき」というように、現に懲戒解雇したことを退職金不支給事由としている場合は、懲戒解雇ができない以上、退職金の返還を求めることはできません。

　このような問題に対処するためには、退職金規程を工夫するべきです。例えば、「退職金を支払った後、懲戒解雇とするべき事由が発見された場合は、支払った退職金の返還請求をすることができる」というように、懲戒解雇したことではなく、懲戒解雇とするべき事由の存在を退職金不支給の事由とすることが考えられます（東京地判平23.5.12）。

　もっとも、このような規定を設けたとしても、懲戒解雇とするべき事由があれば、直ちに退職金の返還請求ができることにはなりません。

　なぜなら、裁判例においては、仮に懲戒解雇の場合に退職金を支給しないとの規定があるとしても、退職金は功労報償的な

性格がある一方で、賃金の後払いとしての性格もあることを考慮して、懲戒解雇とするべき事由がそれまでの勤続の功を抹消してしまうほどの著しく信義に反する行為でなければ、退職金不支給事由に該当しないとされているからです（前記裁判例）。

　今回のようなケースに対応するべく退職金規程を整備するとしても、安易な適用はできないことは念頭に置く必要があります。

営業職、理美容師、歯科医師、エステティシャン、税理士等、顧客と継続的な取引を行う業種ではよく問題となることですね。退職金規程の整備により、退職金の返還を求めることはできるようですが、かなり難しいようですね。退職金の支払いを行ったこととは別に、その従業員により被った損害について、損害賠償請求を行うことで対処するほうが現実的なようです。ただ、その従業員が賠償請求に応じるか、またそもそも損害額が算定できるかが問題となりそうですが…。顧客が「人」につかず「企業」につくようなしくみづくりがもっとも現実的な対応策となりましょう。

7 派遣労働者が無断欠勤・遅刻を繰り返しています。派遣先は懲戒処分できますか？

総論

Q 当社はある派遣会社から派遣社員を受け入れているのですが、その派遣社員が無断欠勤・遅刻を繰り返しているので、懲戒しようと考えています。もちろん、無断欠勤・遅刻は当社の就業規則の懲戒事由となっています。問題はないでしょうか。

　　　　　　　転籍出向の場合、出向先は出向者に対する懲戒が可能であると考えられますが、派遣の場合、派遣先は派遣従業員を懲戒できるのでしょうか。

　この点、労働者派遣法は「自己の雇用する労働者を、当該雇用関係の下に、かつ、他人の指揮命令を受けて、当該他人のために労働に従事させることをいい、当該他人に対し当該労働者を当該他人に雇用させることを約してするものを含まないものとする」と規定し（同法2条1号）、派遣先と派遣労働者との間では、指揮命令権はあるものの、労働契約関係が存在しないことを明らかにしています。

　懲戒権は労働契約の存在を前提とするものですので、派遣先は懲戒権を有せず、本設問に対する回答は「懲戒できない」ということになります（派遣従業員だった者が派遣先の従業員となった場合において、派遣従業員であったときの無断欠勤等を懲戒権を行使するにあたって考慮することは許されないとした裁判例として、大阪地堺支判平22.5.14があります）。

　派遣先としては、このような場合に備えて、派遣元との労働

者派遣契約において、派遣先の懲戒事由に該当する場合は派遣された従業員の変更を求められるようにしておくことや、労働者派遣契約を解除できるようにしておくことを検討すべきでしょう。

　受入派遣従業員の勤務態度不良等については、派遣元事業主（派遣会社）に伝え、派遣元事業主により派遣従業員への懲戒処分を決定してもらうことになります。

　受入派遣従業員も自社の労働者と同じように捉えている経営者に出会うことがありますが、下図のとおり、派遣従業員と派遣先企業との間には、雇用契約関係はないため、懲戒権行使をする関係にもないということなのですね。

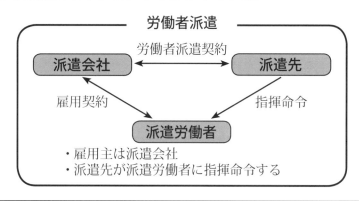

8 セクハラをした出向社員を出向先は懲戒処分できる？

総論

Q 当社のある女性社員が男性社員に対してセクハラを行いました。当社の就業規則ではセクハラを懲戒事由としていますので、出勤停止にしようと考えています。ただ、この女性社員は他社からの出向で来ている社員なのです。出向元の社員としての地位も残っています。当社と出向元との間では、出向について明確な協定を結んでいないのですが、当社はこの女性社員を懲戒することができるのでしょうか。

　　　　　出向元での社員としての地位を維持しながら、他の会社で就業する形態の出向を、一般的に「在籍出向」といいます。

　「在籍出向」の場合、出向元と出向先との間で二重の労働契約が存在することになると理解されていますが、そうすると、懲戒権が出向元と出向先のどちらに帰属するのかが問題となります。

　この点、出向元と出向先との間の合意があれば、それに従うことになりますが、合意がなかった場合については、どのように考えるべきでしょうか。

　これについては、出向先で就業しているのですから、就業先の就業にかかわるルール（服務規律等）に従わなければならないのは当然といえ、出向先のルールに違反したのであれば、出向先による懲戒は可能と考えられます。

　もっとも、出向元と出向先は、別の会社なのですから、出向先は、出向元の社員としての地位を失わせるようなこと（懲戒解雇、諭旨解雇）はできません。したがって、出向先としては、懲戒解雇、諭旨解雇が相当な事案が発生した場合には、出向契

31

約等において出向者を出向元に戻すことができるようにする規定を設けておくべきでしょう。

　　Ｑ７の派遣労働者の例と異なり、出向社員については出向先企業で懲戒処分を実施することができるというのがポイントですね。

　ところで、出向については、経営者・人事担当者さんからご質問が多く寄せられるテーマです。すなわち、「どんな場合に出向という形式が認められるのですか？」といったご質問です。以下、簡単に述べておきましょう。

　出向については職業安定法で定める『労働者供給事業』に該当する行為の例外として認められているものです。例外として認められるケースは、次のとおりです。

①自社での解雇を避けるため、関連会社で雇用機会を確保することを目的とするもの
　　→　高年齢化対策等
②直接資本関係のあるグループ企業内での人事交流を目的とするもの
　　→　提携関係の強化等
③経営指導や技術指導の実施を目的とするもの
　　→　技術、ノウハウ等の指導や教育等
④職業能力開発の一環として行うことを目的とするもの
　　→　教育研修や能力開発、育成等

　上記のいずれかに該当しない出向（その多くは営利を目的として行われる等）は、行政による是正指導の対象となりますので注意が必要です。

9 行方不明者となった社員を懲戒解雇したいけど、どう手続きすればいい？

Q 当社のある社員が「借金取りから追われているので、しばらくの間、会社に出勤することができません」との置き手紙を残し、出勤しなくなってしまいました。欠勤が始まってからすでに2カ月が経過しています。携帯電話はつながらず、自宅のアパートも何度か訪問したのですが、電気メーターが止まっており、人が住んでいる気配はありませんでした。当社の就業規則は「正当な理由のない欠勤が60日以上に及んだとき」を懲戒解雇事由と定めているので、懲戒解雇しようと思います。この場合の手続きの進め方を教えてください。

懲戒解雇は、会社の意思表示ですので、効力が生じるためには、対象となる社員に意思表示が到達する必要があります（民法97条1項）。家族や身元保証人に意思表示をしても、法的には意味はありません。

では、本設問のように、対象となる社員の所在が不明な場合はどのようにすればよいのでしょうか。

このような場合につき、民法は「意思表示は、表意者が相手方を知ることができず、又はその所在を知ることができないときは、公示の方法によってすることができる」との規定を設けており（民法98条1項）、この「公示の方法」により、懲戒解雇の意思表示をすることになります。

公示による意思表示は、所在不明となった社員の最後の住所を管轄する簡易裁判所に申立てをしなければならず、費用もか

かりますので、会社に負担がかかる手続きであることは否めません。ただ、法的に有効な懲戒解雇をしようとするのであれば、この方法をとるしかありません。

　もっとも、懲戒解雇にこだわらないのであれば、就業規則の定め方によって、当該社員との間の労働契約を終了させることができると考えられます。具体的には「正当な理由がない欠勤が〇日に及んだときは、〇日の経過をもって、当然に退職したものとする」という条項を設けることが考えられます。公示による意思表示をする場合の負担を考えれば、このような条項を設けることを積極的に検討すべきでしょう。

　置手紙を残しているならまだいいほうで、何の連絡もなく出社しなくなるという社員の相談も意外にあります。こんなとき、「懲戒解雇としてやりたい！」と思う気持ちは分からなくもないですが、竹村先生のご指摘のとおり、結構煩雑ですよね。
　そこで、就業規則の定めに基づいて、一旦は自己都合退職として取扱い、連絡がつく状態になったら、本人に弁明の機会を与え、その上で改めて処分決定してはいかがでしょうか。

　退職金の額の算定で悩まれるところだろうと思いますが、争いのない部分だけ先に支払う、もしくは支払い自体を本人との連絡が取れるようになるまで保留するという手段を取ることができましょう。

10　取締役は懲戒解雇できるの？

> **Q**　当社の取締役が会社のお金を横領していることが発覚しました。被害金額は1000万円を超えます。当社の社長は激怒しており、「オーナー（当社の大株主のことです）にどう説明すればいいんだ！　とりあえず、あいつを懲戒解雇する！」と言ってます。横領の事実は間違いないのですが、懲戒解雇することはできるのでしょうか。役員を懲戒解雇したという話はあまり聞いたことがないのですが。なお、横領した取締役は従業員の地位はありません。

　横領を行った取締役を懲戒解雇することができるのかという質問ですね。
　懲戒（解雇）は就業規則に基づくものですので、就業規則の適用がなければ、懲戒解雇をすることはできません。では、取締役に就業規則は適用されるのでしょうか。
　この点、就業規則は、当該会社の「労働者」に適用されるルールを定めるものですので（労契法7条等）、取締役が法律上の「労働者」に該当するのかが問題となります。
　労働基準法では、労働者の定義を「事業…に使用されるもので、賃金を支払われる者」（9条）と定義していますが、株式会社における取締役とは、企業の「経営」にあたる者であり、企業に「使用」される者ではありません。
　また、会社と取締役との関係は「委任契約」とされており（会社法330条）、雇用契約とは異なった類型の契約とされています。
　そのため、取締役は労働者には当たらず、懲戒解雇はできな

いという結論になります。

　ただし、本件のようなケースでは、懲戒解雇はできなくとも、取締役に対して何らかの制裁を科したいと考えるのが通常でしょう。

　その場合に考えられる選択肢としては、取締役の①解任②報酬減額③損害賠償請求などが考えられます。

　①の解任については、株主総会の決議によることが必要です（会社法 339 条 1 項・341 条）。なお、正当な理由なく解任された取締役は、会社に対して損害賠償を請求できるとされています（会社法 339 条 2 項）。

　②の報酬減額の措置を取る場合については、減額される取締役の同意があれば減額は当然可能です。しかし、本人が同意しない場合は、判例では、いったん定められた取締役の報酬は会社と取締役との間の契約内容の内容となるため、たとえ株主総会の同意によっても変更できないとされていることには注意が必要です（最判平 4.12.18）。

　③の損害賠償請求とは、取締役が会社に対して負っている善管注意義務や忠実義務（民法 644 条、会社法 355 条）に違反したことを理由とする任務懈怠責任（会社法 423 条）を追及するものです。

　なお、本件では、横領した取締役は従業員の地位はなかったということですが、「執行役員」や、「使用人兼務取締役」といった役職を定めている会社も多く見られます。

　これらの役職の役員について労働者性が認められるか否かは、当該役員が、従業員として使用される関係を超えて経営に関与する権限を有しているかについて、単なる肩書などの名目的な観点ではなく、具体的な仕事内容に着目した実質的な観点から判断されることになります。

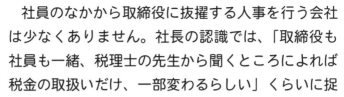　社員のなかから取締役に抜擢する人事を行う会社は少なくありません。社長の認識では、「取締役も社員も一緒、税理士の先生から聞くところによれば税金の取扱いだけ、一部変わるらしい」くらいに捉えている方もなかにはあるようです。しかし、竹村先生のアドバイスにもあるように、取締役と従業員とでは、人事労務上の取扱いも根本的に異なります。そこで、取締役が複数名いる場合には、従業員就業規則とは別に取締役規程を定め、これに基づいて適正な運用をしていくこととしてはどうでしょうか。

11 賞罰委員会は設置する必要があるの？

Q 懲戒処分をするに先立って賞罰委員会にかけるという話を聞いたことがありますが、賞罰委員会とは何をするものなのでしょうか。設置しなければならないのでしょうか。設置した以上は、懲戒処分をする場合、必ず賞罰委員会に付さなければならないのでしょうか。

　賞罰委員会とは、褒章のほか懲戒処分を適正に実施することを目的として設置される機関であり、事実関係の調査や対象者に対する弁明の機会の付与などを実施することが一般的です。懲罰委員会、懲戒委員会という名称が付されることもあります。

　法律上、賞罰委員会を設置することは求められていません。したがって、賞罰委員会を設置するか否か、設置した場合の賞罰委員会の位置付け（諮問機関か意思決定機関か）、賞罰委員会に付議する懲戒処分の範囲（すべての懲戒処分を対象とするか、あるいは、一部の懲戒処分とするか）、賞罰委員会の構成メンバー（役員や管理職のみで構成するか、あるいは、従業員の代表も入れるか）など、賞罰委員会にかかわるすべての事項について、会社が任意に決定することができます。

　このように、賞罰委員会を設置するか否かも会社に委ねられていますが、懲戒処分をするにあたって賞罰委員会に付さなければならない旨を定めた場合、賞罰委員会に付することなくした懲戒処分は、無効となる可能性が高いと思われます（大阪地

決平 6.7.27、東京地判平 8.7.26）

　一方、賞罰委員会についての定めはあるものの、懲戒処分を
するにあたって賞罰委員会に付することが義務づけられていな
い場合については、賞罰委員会に付することなく懲戒処分をし
たとしても、裁判例によれば、そのことだけを理由に当該懲戒
処分が無効となることはないようです（東京地判平 4.9.18、大
阪地決平 6.3.31）。

　もっとも、賞罰委員会の付議の要否にかかわらず、懲戒処分
をするにあたって、十分な調査・検討をするべきことは間違い
ありません。

　　　　　懲戒処分の決定を民主的に遂行するために置かれ
　　　るのが賞罰委員会です。社長や人事部長の独断で処
　　　分が決定され、それにより処分の偏重が発生するこ
　　　とを避けようとする趣旨で置かれるのです。竹村先
生によれば、必ずしも設置する必要はないようですが、本人に
弁明の機会を与えるなど処分決定にあたって公正さを担保す
るために、一定のルールを設けて委員会を組織することをオス
スメします。あるいは、定例の役員会議で懲戒処分事案の決定
も審議する会社もありますよ。

書式例：懲罰委員会規程

懲罰委員会規程

第1条（目的）
　　この規程は、従業員の懲戒処分を実施する際に公正な取扱いを行うために設置する懲罰委員会（以下「委員会」という）の設置に関する事項を定めたものである。

第2条（委員会の構成）
　　委員会の構成は、次のとおりとする。
　　　　①委員長　　　1人
　　　　②副委員長　　1人
　　　　③委員　　　　5人以内
２．原則として委員長は人事担当取締役が、副委員長は総務部長がこれを務めるものとし、委員については従業員の中からその都度、委員長が任命する。

第3条（職務）
　　委員長は、懲罰委員会における議事の進行及び委員会の秩序を維持し、委員長に事故あるときは、副委員長がその職務を代理する。
２．委員は、従業員の服務規律と秩序維持および従業員の懲戒処分に関する事項について、任命権者の諮問により必要な事情調査および審議を行うものとする。

第4条（招集）
　　委員会は、必要に応じ委員長が招集する。

第5条（審議事項）
　　委員会は、社長から諮問を受けた以下の事項について審議する。
　　①懲戒被疑行為の事実関係の調査および確認
　　②懲戒処分を課することの適否の判定
　　③懲戒処分を課する場合における懲戒処分の種類の判定
　　④その他、委員会が必要と認めた事項

第6条（意見聴取等）
　　委員長は、必要に応じて関係従業員の出席を求め、事実関係の説明または意見を聞くことができる。

第7条（当事者の弁明）
　　懲戒処分対象者は、委員会に対し、自己の被疑行為について弁明することができる。

附　　則
　　この規程は　　　年　　　月　　　日より施行する。

12 懲罰委員会での決定は絶対のもの？

Q 先日、業務命令違反を繰り返す従業員の懲戒処分に関して、懲罰委員会を開催しました。ここでは日頃からの行為や改善命令のやり取りについて十分に話合いを行って、2週間の出勤停止が妥当ということで終結しました。

当日、懲罰委員会を開催する旨と弁明の機会があることは本人にも通知してあったのですが、委員会当日までに弁明を求める申出はありませんでした。

このような場合は、決定した出勤停止2週間で処分は確定で、後からこれが覆ることはないと考えて大丈夫なのでしょうか？

　懲戒処分をするにあたっては、適正な手続きをとることが重要であると考えられており、その具体的な手続きとしては、懲罰委員会を設け、また、本人に弁明の機会を付与することなどが考えられます。

　しかし、懲戒処分をするにあたって所定の手続きをとったことは、懲戒処分の有効性を基礎づける重要な事実となることはたしかですが、懲戒処分の有効性を確定させる効果まではありません。

　従業員は、懲戒処分の内容に不服であれば、仮に懲戒処分をする前の弁明の機会において何らの意見を述べなかったとしても、裁判所に提訴することで処分の有効性を争うことができます（もっとも、弁明の機会において何も意見を述べなかったことは、従業員に不利な事情とされるように思います）。

会社側としては、このような手続きをとることは、あくまでも、処分事由に該当する事実の存在の確認や処分の相当性の確保をするための「手段」であるという認識を持つべきでしょう。

　弁明の機会があろうがなかろうが、本人が「納得できない！」という場合は、裁判で争われることになるのですね。

　「ここまで手当しておけば、解雇した従業員から訴えられることはないですよね？」とご相談をいただく例と似ているなぁと感じました。会社は十分な配慮、手当をして解雇としているわけですから、もう争うことはないとの確約を得たいでしょうけれど、「一方が納得いかないとなれば、もう一方がどんなに尽くしたとしても裁判になるんですよ。裁判で第三者（裁判官）が妥当ラインを決めてくれるということです。」とお答えすることがあります。

　訴訟に至る前に本人も納得できるよう、手続（ヒアリング、弁明の機会付与等）を丁寧に重ねていきたいものです。

書式例：弁明機会付与通知書

年　月　日

＿＿＿＿＿＿＿＿＿殿

　　　　　　　　　株式会社○○
　　　　　　　　　懲罰委員会　委員長

通　知　書

　貴殿には、当社就業規則に違反する言動等があると思われます。つきましては、懲罰委員会規程に基づき貴殿の弁明を聞きますので、下記のとおり出席されるよう通知いたします。

　なお、懲罰委員会に出席されない場合には、貴殿の弁明を聞かずに懲罰の審査をすることになりますので、その旨申し添えておきます。

記

1. 内　　容

2. 日　　時　平成　　年　　月　　日（　）　　　時

3. 会　　場

以　上

13　懲戒の種類はどんな設定にするのが普通なの？

Q　このたび就業規則の見直しを行っていますが、懲戒の種類というところでつまずいています。現在、弊社の懲戒の種類は①戒告、②減給、③出勤停止、④降格、⑤懲戒解雇の5種類あります。見直しの過程で、「厳重注意」と「諭旨解雇」を追加すべきではないかという意見が出たのですが、一般的にはどのような区分で置くのが妥当なのでしょうか。また、厳重注意は懲戒処分にあたるのでしょうか。それともあたらないのでしょうか？

　労基法89条9号は、懲戒の定めをする場合、「その種類及び程度に関する事項」を就業規則に定めなければならないと規定していますが、いかなる「種類」を設けるべきかについては、労基法上の規定はありません。

　一般的には、①譴責、戒告、②減給、③出勤停止、④降格（降給・降職と呼ぶこともあります）、⑤諭旨解雇（諭旨退職と呼ぶこともあります）、⑥懲戒解雇という種類を設けることが多いようです。その他の種類として、昇給停止（定期昇給時期に昇給をしない処分）を設ける会社もあります。

　⑤諭旨解雇とは、期限を設けて辞表の提出を勧告し、期間内に辞表の提出があれば依願退職扱いとし、提出がなければ懲戒解雇とする処分です。⑥懲戒解雇は、一般的に退職金が支給されないなど、当該従業員の受ける不利益が重大な処分ですので、退職は相当であるが退職金不支給は行き過ぎであると思われる

事案に対応するべく、懲戒の種類に⑤諭旨解雇を加えることは一考に値します。

　次に、厳重注意ですが、懲戒の種類として設けるべきかどうかは、その趣旨によります。懲戒処分とは「制裁」であるので（Ｑ１参照）、厳重注意が指導監督上の措置にとどまるのであれば、懲戒処分に該当せず、就業規則に規定を設ける必要はありません。しかし、人事考課や昇進・昇格に作用するものであれば、それは「制裁」であって、就業規則に規定を設けなければならないと思われます。

総論

　　　　とある事業団体さんからのリクエストを受けて、団体所属各企業の懲戒規定についてアンケート調査を行ったことがあります。

　　アンケートの内容に、貴社の懲戒の種類はどのようなものですか？という項目が含まれていたのですが、多様な回答がありました。「こうしなければならない！」という決まりがあるわけではないからなのですね。なお、多数を占めていたのは次のような６段階の設定でした。

　①譴責
　②減給
　③出勤停止
　④降格
　⑤諭旨解雇
　⑥懲戒解雇

　これから懲戒規定を整備する予定の職場では、これを参考に必要と思える懲戒の種類を設定するといいですね。

45

14　諭旨解雇、諭旨退職、懲戒解雇って何が違うの？

> **Q**　「諭旨解雇」、「諭旨退職」、「懲戒解雇」の違いが分かりません。現在、従業員が当社の社員情報を社外に持ち出している疑惑があり調査中です。調査結果を踏まえて厳正な処分を行うことが見込まれるので、これらの違いを教えてください。

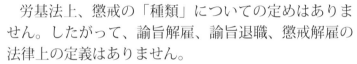
　労基法上、懲戒の「種類」についての定めはありません。したがって、諭旨解雇、諭旨退職、懲戒解雇の法律上の定義はありません。
　そのため、以下の記述はあくまでも一般論となってしまいますが、諭旨解雇、諭旨退職、懲戒解雇は、概ね、以下の内容で理解されていると思われます。

① 諭旨解雇

　諭旨解雇とは、一定期間内に自主的に退職することを勧告し、これに従えば自主的に退職したものとして取り扱うが、期間内に退職しなかった場合は懲戒解雇とするものです。「諭旨解雇」は期間内に退職しなかった場合に懲戒解雇となるのですから、非常に重い懲戒処分といえますが、期間内に自主的に退職した場合は退職金の全部または一部が支給されることが一般的であり、その点で、懲戒解雇よりも軽い処分といえます。

② 諭旨退職

　諭旨退職は一般的には諭旨解雇と同義です。しかし、それぞれを異なった意味で使用している会社もあるようなので、注意が必要です。

③ 懲戒解雇

　懲戒解雇とは、労働契約を一方的にまた即時に終了させる

処分のことをいいます。懲戒解雇の場合、通常は、退職金の支給を受けられません。

ところで、問題のある従業員に対して退職を勧めるという意味で諭旨解雇（諭旨退職）と退職勧奨があり、その区別も問題となります。

理論的には、退職を拒否した場合に懲戒解雇となるのが諭旨解雇であり、拒否しても解雇されるわけではないのが退職勧奨であると区別できます。

しかし、実際には両者の区別は簡単ではなく、会社が退職勧奨であると考えていたとしても、退職勧奨の方法や程度によっては、諭旨解雇であったと判断される可能性があるので、その点は注意が必要です（仙台地判平 21.4.23）。

いずれにしても、Ｑ２でも述べているとおり、会社の就業規則上に諭旨解雇、諭旨退職または懲戒解雇が規定されていないと、実行することはできないわけです。実行できないとは、懲戒処分対象の不正行為が発覚した後に、あわてて就業規則を整備して懲戒規定を設けてこれを適用することはできないということを意味しています。懲戒処分の重要な意義は「こんなことしたら、こんな処分を受けることになるから、するんじゃないよ！」と抑止力を働かせ、企業秩序を保つことにあるためです。後出しはＮＧなのです。

今回のご質問では、どうも、就業規則に諭旨解雇と諭旨退職の定めが置かれていないように思えます。そうすると、次回以降発生した不正行為のために懲戒規定を整備しておくとした場合、通常は、諭旨解雇と諭旨退職のいずれかを定めている会社が多いように思います。どちらも定めているという会社は、私の経験上は、見たことがありません。

15　懲戒解雇と普通解雇の違いは何？

Q 解雇には懲戒解雇と普通解雇がありますが、懲戒解雇と普通解雇の決定的な違いはどこにあるのでしょうか。懲戒解雇の場合は、解雇予告手当と退職金は支給しないでいいと聞いたのですか、本当にそうなのですか？

　懲戒解雇と普通解雇は、使用者の一方的な意思表示により労働契約を終了させるという点では違いはありません。しかし、懲戒解雇は、懲戒権の行使であることから、就業規則等において懲戒解雇に関する規定があり、かつ、それが労働者に周知されていなければ発動できないのに対し、普通解雇は、就業規則がなくとも民法の規定により可能であるという点に決定的な違いが存在します。

　この点、懲戒解雇と普通解雇の違いとして、懲戒解雇は解雇予告手当と退職金が支給されないのに対し、普通解雇はこれらが支給されることが挙げられることがあります。

　しかし、懲戒解雇の場合に解雇予告手当が支給されないのは、労基法20条1項但書において解雇予告手当の支給が不要とされる「労働者の責に帰すべき事由に基いて解雇する場合」に該当するからですが、普通解雇の場合であっても、解雇の理由によっては「労働者の責に帰すべき事由に基づいて解雇する場合」に該当し、不支給とすることができる場合があります（なお、いずれの場合も、原則的に解雇を行う前に労働基準監督署長の認定を受ける必要があります）。

また、退職金についても、退職金規程等に懲戒解雇の場合は退職金を不支給とする旨が定められているからこそ、退職金を不支給にできるのであって、懲戒解雇だから当然に退職金を不支給にできるのではないですし、逆に、普通解雇の場合でも、その理由となった事実が退職金規程の不支給事由に該当するのであれば、退職金は支給されないことになります。
　したがって、「懲戒解雇＝解雇予告手当と退職金は不支給」、「普通解雇＝解雇予告手当と退職金は支給」という単純な図式で考えるのではなく、個別の事案に応じて、解雇予告手当と退職金の支給の要否を検討することが必要です。

　懲戒解雇と普通解雇の違いも就業規則で定めることで確定するものなのですね。労働契約が終了するという点では両者は共通していますし、使用者側からの一方的な意思表示により本人の合意形成をまたずに終了するという点も共通していますが、例えば、懲戒処分を受けることとなる従業員の非違行為により、被害を受けた人がある場合、普通解雇では納得がいかないというケースもあるでしょう。また、非違行為の内容によっては、社会的批判を受けるということもあります。そのため、企業として厳正処罰を行い再発防止に最大限努めるという企業姿勢を示すために、あえて懲戒解雇処分を断行することもあるのです。一方、懲戒解雇処分は受ける従業員とその家族に大きな影響を与えることも想定し、企業の社会的責任（企業規模、業務内容の公益性等）とのバランスも踏まえて懲戒解雇を断行すべきか、普通解雇で十分かを検討していきましょう。

16 懲戒解雇した社員から解雇予告手当の請求が。これは支払わないといけませんか？

Q 会社のお金を500万円横領した社員がおり、懲戒解雇したところ、解雇した社員から解雇予告手当の請求を受けています。その社員は「労基署長の認定を受けない限り、解雇予告手当は支払わなければならないはずだ」と主張しています。労基署長の認定は受けていないのですが、解雇予告手当は支払わないといけないのでしょうか。

　解雇予告手当については労基法20条に定めがあり、同条1項は「使用者は、労働者を解雇しようとする場合においては、少くとも三十日前にその予告をしなければならない。三十日前に予告をしない使用者は、三十日分以上の平均賃金を支払わなければならない。但し、天災事変その他やむを得ない事由のために事業の継続が不可能となつた場合又は労働者の責に帰すべき事由に基いて解雇する場合においては、この限りでない」と規定しています。そして、同条3項は、同法19条2項を引用して、20条1項但書の場合は行政官庁（労基署長）の認定を受けなければならないと規定しています。

　では、設問の懲戒解雇された社員が主張するように、労基署長の除外認定がない場合は、「労働者の責に帰すべき事由」があっても、解雇予告手当の支払義務は免れないのでしょうか。

　この点、多くの裁判例は、除外認定は、行政庁による事実確認の手続にすぎず、解雇予告手当支給の要否は客観的な解雇予

告除外事由の存否によって決せられるとの立場をとっています（東京高判昭 47.6.29、東京地判平 16.12.17、大阪地判平 20.8.28 等。東京高判平 23.12.20 は反対。ただし、そのように解釈する理由は不明）。

　したがって、この立場によれば、設問においては、解雇予告手当を支払わないでよいという結論になります。

　解雇予告手当の除外認定を受けていなくても、支払いが不要と裁判所により判断されることがあるのですね。500 万円も横領しているのですから当然のことでしょう。

　今回のケースのような重大な犯罪行為がなくて即時解雇を検討する場合は、労務管理上は、やはり解雇予告除外認定を受けておくべきです。もし、除外認定が得られない場合は、予告手当を支払うか、予告期間を設けて解雇することです。

　というのも、裁判にまで至ったケースでは竹村先生のアドバイスのとおり支払いが不要となる結果がもたらされるのでしょうが、裁判に至らないケースでは除外認定を受けていない限り解雇予告手当の支払いをすべきことを労基署から指導され、これに応じない場合は最悪労基法違反として行政取締上の措置を受けることになりかねないからです。

　なお、解雇予告除外認定を得るハードルは結構高いものでして刑法犯に該当する行為がある等の事実が必要になります。

様式：解雇予告除外認定申請書

様式第3号（第7条関係）

解雇予告除外認定申請書

事業の種類	事業の名称		事業の所在地
労働者の氏名	性別	雇入年月日	業務の種類	労働者の責に帰すべき事由
	男女	年　月　日		
	男女	年　月　日		
	男女	年　月　日		
	男女	年　月　日		
	男女	年　月　日		

年　月　日

労働基準監督署長　殿

使用者　職名
　　　　氏名　　　　　　㊞

17　減給の制裁の対象にボーナスは含まれるの？

Q　非違行為をした従業員に対しては、減給の制裁の一環として、ボーナスの査定を低くすることをしてきました。このマイナス査定により決定されるボーナスの額について、減給の制裁のルール上、留意すべき点はありますか？
　また、既に他の処分を行っている従業員に対して、ボーナスのマイナス査定をすることは、二重処分の禁止に抵触するでしょうか？

　労基法91条は賞与についても適用があり、賞与を減給する場合の減給の額は1回の事由につき平均賃金の2分の1以内、複数の事由が存在する場合の総額は賞与額の10分の1以内でなければなりません（昭63.3.14基発150号）。
　同条は労働者が具体的賃金請求権を取得していることを前提に制裁としてこれを減給する場合に適用されるものと考えられています（広島高判平13.5.23）。
　したがって、同条の適用がある賞与とは、基本給等を基礎に機械的に金額が決定され支払われるような賞与のことであり、支給の有無・金額が査定を経て決定されるような賞与は、査定を経てはじめて具体的賃金請求権が発生すると考えられるので、同条の適用はなく、査定の結果、賞与の金額が低くなったとしても、同条違反になりません（前記広島高判）。

民間企業では、賞与額が機械的に算定されるという例は少数派で、多くは査定により初めて支給額が決定されるものです。そうすると、査定の過程で非違行為をなした事実がマイナスカウントされ、その結果算定された賞与額が非違行為がなかった場合の仮定額と比較して低額となることが考えられます。

　多くの企業では、賞与は支給しないこともある旨就業規則に定めがあるはずで、労働者にとっては「必ず貰えるもの」ではないはずですから、そのような場合にはマイナス査定が減給制裁とされないということですね。ただし、ボーナスの支給額につき、「基本給の○カ月分」や「年俸額の1/14」などと定めている場合は、本文1の規制を受けることになるので要注意です。

18 懲戒処分で左遷ってできるの？ 懲戒処分としてできない場合、人事異動で懲罰的な配転命令をすることはできるの？

総論

Q 大阪支社で営業を担当している従業員が、重大な顧客トラブルを起こしたので、名古屋支社へ配置転換しようと思っています。本社としては、事の重大性から、配置転換を懲戒処分として行いたいのですが、就業規則の懲戒処分の種類に配置転換は列挙されていません。名古屋支社への配置転換を懲戒処分と位置付けることはできますか。また、テレビや小説などの世界では人事異動で懲罰的な配置転換（世にいう「左遷」）がされていますが、実務において問題があれば、それも教えてください。

　使用者が従業員を懲戒するには、あらかじめ就業規則に懲戒の種別および事由を定めなければなりません（Q1参照）。したがって、配転命令が懲戒の種別として定められていないのであれば、懲戒処分として配転命令をすることはできません。

　設問とは少しズレますが、「配転」を懲戒の種別として定めるべきなのでしょうか。

　そのような規定は必ずしも無効ではないと思われますが、対象者をその場所に配属したままにしておくことで不利益が生じるのであれば、人事上の配転命令をすれば足り、それと併せて、別の懲戒処分を科すことで、配転と懲罰の両者の目的が達成できるのですから、あえて「配転」を懲戒の種別とする必要はないと考えます。

次に、懲戒処分ではない懲罰的な配転命令についてですが、判例は、使用者に配転命令権が認められる場合であっても、①業務上の必要性がない場合、②不当な動機・目的が認められる場合、③労働者に対し通常甘受すべき程度を著しく超える不利益を負わせる場合は無効となりうるとの立場をとっていますから（最判昭61.7.14）、懲罰目的を強調することは配転命令の無効を主張されることにつながりかねません。

　テレビや小説の世界はさておき、現実の世界では、懲罰は懲戒処分として行い、配転は懲戒処分とは切り離して、業務上の必要性の有無から別途検討のうえ、実行するべきです。

　結論としては、設問でも配置転換は人事上の配転命令として行い、別途、既存の懲戒処分を行うべきです。

　　　　　　懲戒処分と人事上の措置とは、分けて考えるといいのですね。

　　　　　　直近の判例では、セクハラをした上司に懲戒処分（出勤停止）を行うとともに、本件処分があったことを前提とした降格人事を有効としたものがあります（最高裁・27.2.26海遊館事件）。

　いずれにしても、懲戒処分を適正に行うために就業規則の整備が求められますし、人事措置を有効になすために、就業規則または人事制度規程が適正に定められていることが求められます。

19 懲戒解雇とした従業員から退職金を支払えとの請求が。就業規則通りの対応ではだめなの？

総論

> **Q** 当社は貨物自動車運送事業を営んでいます。セールスドライバーである従業員が、業務終了後、帰宅途中で飲酒し、最寄り駅から自宅に向けて自家用車を運転中に酒気帯び運転で検挙されました。この従業員はこの件で免許停止の行政処分を受け、罰金刑にも処せられています。この従業員は過去に懲戒処分を受けたことはく、事故を発生させてはいません。また、反省の態度も見せていました。しかし、当社の就業規則は、酒気帯び運転を懲戒解雇事由としていますので、懲戒解雇としました。そして、退職金規程において、懲戒解雇とした場合は退職金を不支給とするとの定めがありますので、退職金を不支給としました。ところが、この従業員から退職金を支払えとの請求を受けています。懲戒解雇の場合は退職金を不支給とする定めがあり、現実に懲戒解雇をしたのですから、退職金を支払う必要はないはずです。いかがでしょうか。

裁判所は、就業規則等において懲戒解雇の場合に退職金を不支給とする旨の定めがあり、有効な懲戒解雇がされた場合であっても、直ちに退職金の不支給を有効と認めず、退職金が功労報酬的性格のみならず、賃金の後払い的性格も有することに着目して、不支給条項を限定解釈、具体的には、これまでの勤続の功を抹消または減殺するほどの著しい背信行為がある場合に限り、退職金が支給されないと解釈しています。

このような限定解釈がされることを前提に、どのような場合に退職金を不支給とできるのかについての明確な基準を示すことは難しいのですが、全額不支給とできるのは、かなり悪質な事案に限られるように思えます（退職金の全額不支給を認めた裁判例として、東京地判平18.1.25。他の従業員の退職に同調して、会社に事前連絡なく一斉に退社して会社の機能を麻痺させたうえ、退社するにあたって在庫商品や顧客データを持ち出す等の行為を行い、会社に現実に多大な損害を発生させた事案）。

　設問と類似の事案の裁判例（東京地判平19.8.27）は、懲戒解雇は有効としつつ、他に懲戒処分を受けたことがないこと、事故は起こしていないこと、反省の様子もうかがえることを考慮すると、長年の勤続の功労を全く失わせるほどの著しい背信的な事由があったとはいえないとして、本来の退職金の3分の1の金額の支払いを命じています。

　懲戒解雇では、退職金は全額不支給とする懲戒規定を定めている会社が多いと思います。このような定めしかない場合は、それ以外の選択肢はないというのが原則なので、退職金不支給とするほどの事案でないならば、懲戒解雇以外の処分（たとえば、諭旨解雇）により労働契約を終了させるしかないということになります。

　そこで、実務上は、就業規則の定めに、懲戒解雇の場合でも例外的に退職金を一部支給することがある旨規定しておき、懲戒解雇を断行しなければならない事案のときであっても一部退職金の支給ができるようにしておくことがよろしいのではないでしょうか。

20 懲戒解雇する前に自主退職した従業員が退職金を求めてきました。自主退職時の退職金不支給の定めがない場合、どんな悪質な従業員でも払わなければなりませんか？

総論

Q ある従業員が、当社に無断で在職中に競業する会社を設立したうえ、そこで当社の秘密情報を利用して製品の開発を行い、さらに、当社の従業員の引き抜きまで行っていたことが判明しました。そこで、その従業員を懲戒解雇しようとしたのですが、事実関係の調査をしているうちに、自ら退職してしまいました。そして、その従業員から退職金を請求されています。当社の就業規則は、懲戒解雇した場合に退職金を不支給とする旨の条項があるのですが、自主退職の場合については定めがありません。この従業員が退職金の支給対象であることは否定できないのですが、このような悪質な従業員に対しても、退職金を支払わなければならないのでしょうか。

懲戒処分は労働契約の存在を前提とするものですので、労働契約が終了した後は、懲戒解雇することはできません。したがって、懲戒解雇したことを理由に、退職金を不支給とすることはできないことになります。

では、懲戒解雇に相当する事由があることを理由に、退職金を不支給とすることはできないのでしょうか。

この点については、労働契約上の根拠に基づき発生する退職金を不支給とするためには、労働契約上の根拠が必要というべきであり、「懲戒解雇した」場合に退職金を支給しないという規定しかないとすれば、原則として、退職金を不支給とすることはできないと考えられます（広島地判平 2.7.27）。

しかし、極めて悪質な行為をした者に対してまで、不支給とする条項の不存在を理由に退職金を支給しなければならないということもまた不合理です。

　この点、裁判例においては、退職金規程上、懲戒解雇による場合は退職金を不支給または減額にすることができる旨の条項があったものの、対象者が自主退職してしまい、懲戒解雇できなかったという事案において、当該条項により退職金を不支給または減額とすることはできないが、退職金の性格（特に功労報酬的性格）に照らすと、それまでの勤労の功を抹消または減殺する程度にまで著しく信義に反する行為があったと認められるときは、退職金請求は権利濫用になるとし、実際に権利濫用と判断したものがあります（大阪地判平21.3.30）。権利濫用と判断されるハードルは高いようですが、この判断枠組み自体は、裁判所で一般的に認められているようです。

　設問の事案は、権利濫用と認められるかどうかは微妙なところではありますが、会社としては不支給を主張してもおかしくないと思われます。

　ここまで悪質ではないにしても、退職金を全額支給することについて検討すべき事情が退職後に明らかになるケースはままあります。このようなときに、既に支払ってしまった退職金を本人から一部返金させることは困難であるため、退職金の支給時期について、退職後ただちに支給することを予定している場合、これを一定期間経過後（たとえば、翌々月末日など）と変更することも検討すべきです。

21 代表取締役を誹謗した従業員を懲戒解雇したいけど、問題点は？

Q 当社のある社員が、代表取締役である私が会社のお金を不正に流用しているなどと記載された文書を大株主に送付したことがわかりました。書かれていることが事実かどうかはさておき、こんなことをして私に歯向かおうとする社員は懲戒解雇しようと思います。裁判で争われてこちらが負けても、職場復帰を認めて、未払い給料を支払えばいいのですよね？それくらいの覚悟はあります。

　民法709条は「故意又は過失によって他人の権利又は法律上保護される利益を侵害した者は、これによって生じた損害を賠償する責任を負う」と規定しています。これを不法行為に基づく損害賠償責任といいます。

　この点、懲戒処分が無効であるからといって、当然に不法行為が成立し、会社が損害賠償責任を負うことにはなりませんが、無効な懲戒処分が不法行為の成立要件を満たすのであれば、会社は損害賠償責任を負うことになります。

　裁判例では、不法行為の成立を肯定したものも否定したものもありますが、肯定裁判例として、懲戒事由が存在しないにもかかわらず懲戒解雇をしたうえ、自社が発行する新聞に当該社員を懲戒解雇した旨の記事を掲載したという事案につき、慰謝料200万円の支払いを命じたものがあります（東京地判平22.6.29）。

　そして、損害賠償請求を認容した判決のなかには、弁護士費

用を認容したものもあります（大阪地判平11.3.31。損害額の1割を認容）。

　さらに、民法723条に基づく謝罪広告の掲載を認容したものもあります（前掲東京地判）。この裁判例の謝罪広告の内容は「弊社は（中略）虚偽の事実を記載した記事を掲載しました。実際は、○○氏が弊社に無断で図表等を使用した事実はなく、弊社の記事は、○○氏の社会的評価を著しく低下させるものでした。○○氏に多大な迷惑をおかけして大変申し訳ありませんでした。弊社の記事が事実に反することを認め、ここに謹んで謝罪いたします」というものでした。

　以上のように、無効な懲戒処分をした場合、弁護士費用を含む損害賠償責任を負い、さらには、謝罪広告まで掲載しなければならない事態が想定されるのですから、安易に懲戒処分をすることは絶対に避けるべきです。

　設問のような報復目的の懲戒解雇は、損害賠償の対象となる可能性が高いように思われます。

「自分に歯向かってくるヤツ（あるいは自分とフィーリングが合わないヤツ）は、くびにする」といった乱暴な考えを持っているワンマン社長と、時々遭遇します。こういう方は、目をかけている社員には、ひときわ手厚い待遇をするなどメリハリがあって、その手法で長年経営してきている成功体験も持っていらっしゃるので、「裁判になったら、受けて立つわ！」と強気なご発言をされます。しかし、実際に訴状を受け取ると、急に心細くなり、しかし誰にも相談できず、悩んだ末顧問社労士にこっそりと泣きついてこられるのです。

残念ですが、裁判となったときには、社長のワンマンぶり、横暴な経営ぶりが明らかにされ、さらに竹村先生のアドバイスのような、想定外に高額な賠償等の支払いを余儀なくされることになります。

　すっかり意気消沈し覇気をなくした社長の姿を目のあたりにしたことが何度もあるので、まだそのような目に遭っていない社長には、是非、懲戒処分の検討と、実行にあたっては本書全編で述べているような民主的なプロセスを経て行っていただきたいと願います。

総論

22 部下が大金を横領！ 監督責任として上司も処分したいのですが、問題点はありますか？

> **Q** 当社のある営業所の職員が2000万円もの横領をしていたことがわかりました。当社としては大損害です。営業所の所長も連帯責任を負うべきだと思います。当社は「監督不行き届きにより事故を発生させたとき」を諭旨解雇事由としているので、これに基づいて諭旨解雇するつもりです。問題がないか教えてください。

　部下の不祥事を理由として上司に対し懲戒処分をする前提として、罪刑法定主義的な要請から、部下の監督責任を怠ったことを懲戒事由として就業規則に規定しておく必要があります。

　裁判例では、「当然なすべき注意を怠り、又は職務に怠慢を認めたとき」、「故意又は、重大な過失によって会社に損害を与えたとき」との規定を上司に対する懲戒事由とすることを認めている例もありますが（福岡地判昭62.12.15）、このような規定では不明確であることは否めず、「部下が懲戒事由に該当する行為を行い、これにつき管理監督、業務上の指導を怠ったとき」のような明確な規定を設けるべきでしょう。

　また、懲戒処分は刑罰と同様、行為者に故意・過失がある場合にしか科すことができないと考えられていますので、仮に「部下が懲戒事由に該当する行為を行ったとき」という懲戒事由が規定されていたとしても、直ちに上司に結果責任を問うことは許されず、部下が懲戒事由に該当する行為を行ったことにつき、

上司に落ち度があったといえるか（故意・過失が認められるか）を検討する必要があります。

　設問では、部下が横領行為をしたこと、そして（やや不明確ではありますが）、監督義務違反を諭旨解雇事由としていることはわかりますが、上司にいかなる落ち度があったのかはわかりません。諭旨解雇をする前に、まずは、上司が部下の横領行為を知りうる機会があったのか、上司が部下に対していかなる指導をしていたのか等の事情を確認すべきでしょう。

　部下の不正行為について、上司を処分対象とするには、少なくとも次の2つのチェックポイントに該当していることが求められるようですね。

①就業規則にその旨の定めがあること
②部下の不正行為を上司が黙認している、または不正行為の防止や報告にかかる義務違反が存在する

　近年では、上司といえども、いわゆるプレイングマネージャーとして自身も現業に携わっているという管理職が多いです。少ない人員で効率的に業務を遂行するための経営方針によるものでしょう。そうすると、そのような方針で組織運営している以上、「部下の不祥事＝直ちに上司も懲戒対象」というわけにはいかないのですね。

23 内部告発を懲戒処分する場合の注意点は？

Q 内部告発を懲戒処分する場合の注意点を教えてください。

内部告発は、会社運営の改善の契機となりえ、また、それが公益にかなうこともあることからすれば、これによって会社に不利益が生じ、あるいは、その過程で守秘義務違反の問題が生じたとしても、なお内部告発者を保護すべき場合があることは否定できないところです。しかし、その一方で、内容が虚偽である場合はもちろんのこと、虚偽でなくとも、他に方法があるにもかかわらず、いきなりマスコミに持ち込む、周辺にビラ撒きをするなど、告発方法が妥当ではない場合は、会社の評判・信用に大きな打撃を与えることになりかねません。

この点、裁判例は、①内部告発の重要部分が真実であること、または、真実と信じる相当な理由があること、②内部告発の目的が公益性を有すること、③内部告発の手段・方法が相当であること等を総合的に考慮して、懲戒処分の有効性を判断しています（大阪地堺支判平15.6.18、東京地判平23.1.28等）。

内部告発について懲戒処分をするにあたっては、この判断枠組みに沿って、懲戒処分の可否を考えることが必要です。

なお、内部告発については、公益情報を監督官庁等に通報したことを理由とする解雇を無効とする公益通報者保護法の適用がありうることにも、注意が必要です。

取引先に、自社の商品の不安な点を知らせる等の行為があって、取引が停止になるなど、企業経営にも影響を及ぼすような内部告発がいきなり外部に向かうことを避けるためにも、また、内部統制の精度を高めるためにも社内に通報窓口を設置し、まずは社内に通報できるルートを作っておくことが重要です。また、このような窓口を設置した場合には、自社社員だけでなく、派遣社員、グループ企業、取引先関係者にも告知し活用できるようにしておくとよいでしょう。

昨今では、社内通報窓口のアウトソーシングサービスもあります。社内窓口は担当者と面識があるとか、上司に知られてしまうため利用しづらいなどの事情がありそうな場合は、社内窓口機能を外注することもできるのですね。

総論

書式例：内部通報制度 受付票

株式会社○○　内部通報制度　受付票

受付番号		通報受付日	年　月　日（　） 時　　　分	受付担当	
通報手段	電話・電子メール・ＦＡＸ・郵送・面談・その他（　　　　　　　　　　　　　　）				
通報者名 および 雇用区分	通報者名：　　　　　　　　　　　　　　　　　　　　　　　　　（・匿名） 　□当社社員（所属：　　　　　　　　役職：　　　　　　　） 　□パート・アルバイト・契約社員（所属：　　　　　　　　　） 　□派遣社員（派遣元：　　　　　　　所属：　　　　　　　　） 　□退職者（勤務時の所属：　　　　　　　　　　　　　　　　） 　□取引先（会社名：　　　　　　　所属：　　　　　　　　　） 　□その他（　　　　　　　　　　　　　　　　　　　　　　　）				
通報内容	①通報対象者：　　　　　　　　　　部署： ②通報対象事実 　（既に生じている・生じようとしている・その他（　　　　　　　　））） 　　いつ： 　　どこで： 　　何が： 　　どのように： 　　なぜ生じたのか： 　　対象となる法令違反など： ③通報対象事実を知った経緯： ④通報対象事実に関する考え： ⑤証拠書類の有無（有［内容：　　　　　　　　　　　］・無） ⑥本通報窓口以外への通報・相談の有無（有［上司・その他（　　）］・無） ⑦その他・特記事項				
希望する 連絡方法	□電話（電話番号：　　　　　　　　　［自宅・職場・携帯・他］） □メール（アドレス：　　　　　　　　　　　　　　　　　　　） □ＦＡＸ（ＦＡＸ番号：　　　　　　　　　　　［自宅・他］） □郵送（　　　　　　　　　　　　　　　　　［自宅・他］） ※調査結果・進捗状況の報告を（　希望する　・　希望しない　）				
留意事項					
通報受領 の通知			責任者 への報告		

24 懲戒処分に時効は？　昔の事案でも処分できる？

総論

Q 　2年前、ある男性従業員が女性従業員にセクハラをしていることが問題になり、社内調査をした結果、セクハラの事実が存在していることは間違いないとの結論に至りました。ただ、そのときは、被害を訴えていた女性従業員が退職したこともあり、事を荒立てるのもかわいそうかとも思ったことと、事実を否定された場合、面倒だと思い、男性従業員を懲戒処分しませんでした。しかし、社長が交代し、悪いことをした従業員には厳正な処分を行うべきとの方針が強く打ち出されましたので、2年前の件も改めて懲戒処分しようと思います。そこで1つ気になったのですが、懲戒処分には刑事手続きのような時効はないのでしょうか。

　懲戒処分の時効を定める直接の規定はありません。

　しかし、懲戒事由に該当する事実を把握しておきながら長期間にわたって懲戒処分をしていなかった場合は、懲戒処分をしていなかったことについて合理的な理由があればさておき、そうでない場合は、懲戒権を濫用としたものとして、懲戒処分が無効となる可能性があります（労契法15条）。

　裁判例では、7年以上前の暴行事件を理由とした諭旨退職処分を無効としたもの（最判平18.10.6）、5年前の某大学の学長選挙期間中に学長選挙に立候補していた理事を誹謗中傷する文書を教職員等に配布・送信した行為を理由とした懲戒解雇処分

を無効としたもの（東京地判平 22.9.10)、2 年前のセクハラを理由とした懲戒解雇を無効としたもの（東京地判平 22.3.27) があります。

懲戒処分を決定する際は、事案発生から速やかに調査、審議、決定をしていくことが求められるのですね。懲戒事案を発生させた本人も、処分があるのかないのか落ち着かない思いで勤務継続していることでしょうし、事案の発生を知っている他の従業員にとっては、適正な処分がなされなかったことで会社に対する信頼を失うかもしれません。会社の姿勢が従業員から見られていると心得て、正しい判断を行いましょう。

処分を見送ると、今後、似たような事案が発生した際、「以前の○さんのときは処分はなかったのに、なぜ自分のときに限って処分されるんだ？」という不満も発生してしまいかねません。

処分決定をするのは、あまり気が進まないことだとも思いますが、組織の秩序を維持向上させていくために、その都度、適正な処分を行っていくことで再発の防止にもつながっていくことと思います。

25 懲戒処分した後に、別の処分理由が発覚。前の処分に追加して処分することは可能？

総論

Q 　無断欠勤を繰り返している従業員がいたので、懲戒解雇としました。しかし、その従業員から「無断欠勤をしたことは否定しないが、懲戒解雇は重すぎる。不当解雇だから会社を訴えてやる」と言われてしまいました。そこで、その従業員について改めて調査したところ、女性従業員に対する悪質なセクハラを繰り返していたことがわかりました。今からこのセクハラの問題も懲戒解雇の理由に追加しようと思います。この2つの理由があれば懲戒解雇は問題ないと思うのですが、いかがでしょうか。

　　　設問のような、ある行為について懲戒処分をした後に、懲戒処分をしたときに認識していなかった別の行為を懲戒処分の理由として追加することができるかという問題につき、判例（最判平 8.9.26）は「使用者が労働者に対して行う懲戒は、労働者の企業秩序違反行為を理由として、一種の秩序罰を課するものであるから、具体的な懲戒の適否は、その理由とされた非違行為との関係において判断されるべきものである」として、「懲戒当時に使用者が認識していなかった非違行為は、特段の事情のない限り、当該懲戒の理由とされたものでないことが明らかであるから、その存在をもって当該懲戒の有効性を根拠付けることはできないものというべき」との立場をとっています。

　では、処分理由の追加が許される「特段の事情」がある場合とは、どのような場合のことをいうのでしょうか。

　裁判例では、懲戒事由とされた行為と実質的に同一性を有する行為を追加する場合がこれに該当するとされています（東京

71

高判平 13.9.12、山口地岩国支判平 21.6.8)。

　なお、設問は懲戒処分をしたときに認識していなかった行為を追加する場合ですが、懲戒処分をしたときに認識しながら懲戒処分の理由としなかった行為についても、原則として懲戒処分の理由として追加することはできないとされています（東京地判平 24.3.13、）。

　　　　　　　　懲戒処分の理由を、後から追加することはできないのですね。おそらく懲戒解雇を決定するにあたっては、無断欠勤以外にも職場秩序を乱すようなさまざまな行為が重なっていたのではないでしょうか。無断欠勤を繰り返す従業員が、その他の面では品行方正で申し分なし！とは考え難いですからね。もしそうだとするならば、無断欠勤以外の非違行為についても、事案が発生するごとに注意指導を行い、その事実を記録につけておくこと、その上でなお態度が改まらない場合には、就業規則の規定に則って処分を行い、段階的に重い処分を科していく手順を踏むことが必要です。

　さて、懲戒処分とは話題が変わりますが、悪質なセクハラが発生した事実を会社が把握できていなかったということも考えものです。男女雇用機会均等法では、従業員からの相談（苦情を含む）に応じ、適切に対応するために必要な体制の整備を行うことを事業主に義務付けています。具体的には、
　・相談窓口をあらかじめ定めること。
　・相談窓口担当者が、内容や状況に応じ適切に対応できるようにすること。また、広く相談に対応すること。
が求められます。今回の事案の発生を受けて、社内の相談窓口体制が適正に機能していたかどうかもチェックしてみてくださいね。社内アンケートを定期的に実施するなども効果があるようです。

総論

セクシャルハラスメントについてのアンケート例

●該当する項目の□にチェックを入れてください。

1　性別
□男性　　□女性

2　次のようなことはセクシュアルハラスメントに当たると思いますか。
□容姿やプロポーションについてあれこれ言う
□性的な冗談を言う
□肩、手、髪に触る
□職場の裏会でお酌やカラオケのデュエットを強要する
□女性労働者にのみお茶くみを強要する
□「おじさん」「おばさん」「○○クン」「○○ちゃん」と呼ぶ
□「女性は職場の花でよい」「男のくせに、女のくせに」と言う
□「結婚はまだか」「子どもはまだか」と尋ねる

3　職場でのセクシュアルハラスメントについて
(1) 職場でセクシュアルハラスメントを受けたことがありますか。または、他の人が職場でセクシュアルハラスメントを受けているのを見たり聞いたりしたことがありますか。
□受けたことがある（見たり聞いたりしたことがある）
□受けたことはない（見たり聞いたりしたことがない）　→4へ

(2) そのセクシュアルハラスメントはどのようなものでしたか。
□性的な冗談、からかいや質問をされた
□ヌード写真などを見せられたり、不愉快な視線を送られた
□性的含みのあるメール、電話、手紙を受け取った
□仕事に関係ない食事にしつこく誘われた
□身体に触られた
□性的関係を強要された
□その他（　　　　　　　　　　　　　　　　　）

(3) 行為者は誰でしたか。
□　会社の幹部　　□　直属の上司　　□　他部署の管理職
□　同僚　　□　部下　　□　他部署の者
□　取引先の者、顧客　　□　その他

(4) なぜセクシュアルハラスメントが生じたと思いますか。
□男性労働者と女性労働者の性に対する意識の違いがあるため
□女性労働者に対して男性労働者が差別意識を持っているため
□部下の男性労働者に対して女性上司が差別意識を持っているため
□一部にモラルの低い労働者がいるため
□パート社員、派遣社員を対等なパートナーと見なしていない労働者がいるため
□会社側のセクシュアルハラスメント防止に対する使用者責任についての認識が低いから
□職場全体がセクシュアルハラスメントを問題としない雰囲気だから
□その他（　　　　　　　　　　　　　　　　　）

(5) 誰に相談しましたか。
□家族　　□友人　　□上司　→(6)へ　　□人事課　→(6)へ

(6) 上司や人事課はどのような対応でしたか。
□相談内容を丁寧に聞いてくれた
□事情聴取の結果、会社として一定の対応をしてくれた
□相談は聞いてくれたが、やっかい者のように扱われた
□当事者同士で解決するよう言われただけだった
□その他（　　　　　　　　　　　　　　　　　）

> 以下の項目は、対策を講じている場合に追加してください。

4　わが社のセクシュアルハラスメント対策について
(1) セクシュアルハラスメントを防止するために策定した方針を知っていますか。
□知っている　　□知らない

(2) セクシュアルハラスメントについての相談をどこにすればよいか知っていますか。
□知っている　　□知らない　→5へ

(3) セクシュアルハラスメントについて、相談窓口を利用したことがありますか。または、必要が生じたときに今後利用すると思いますか。
□利用したことがあり、今後も利用すると思う
□利用したことはあるが、今後は利用しないと思う
□利用したことはなく、今後は利用したいと思う
□利用したことはなく、今後も利用しないと思う

(4) 相談窓口は利用しやすいと思いますか。
□利用しやすいと思う　→5へ
□利用しにくいと思う

(5) 相談窓口を利用しないと思う理由または利用しにくいと思う理由は何ですか。
□同性の相談担当者がいないから
□相談担当者が1名しかおらず、相談しにくい人だから
□プライバシーが守られそうにないから
□相談担当者が誰か知らないから
□相談してもきちんと対応してくれそうにないから
□その他（　　　　　　　　　　　　　　　　　）

5　職場でのセクシュアルハラスメント対策で会社に対して望むことは何ですか。
□企業トップや幹部の意識を改革して欲しい
□一般社員の意識啓発研修を行って欲しい
□管理職の意識啓発研修を行って欲しい
□セクシュアルハラスメントを許さないという企業方針を徹底して欲しい
□利用しやすい相談窓口を設置して欲しい
□就業規則や労使協定に制裁規定を盛り込んで欲しい
□問題発生時に迅速・公正な対応をして欲しい
□風通しのよい職場風土を醸成して欲しい
□その他（　　　　　　　　　　　　　　　　　）

厚生労働省　平成27年6月作成　パンフレット

73

第2章
各論

手続

経歴詐称

職務懈怠

職場規律違反

服務規律違反

業務命令違反

横領着服

私生活上の非行

26 「セクハラされた！」と訴えてきた女性社員。加害上司への処分決定前になにをすればいいの？

Q 担当上司と外出した日に、上司からセクハラ発言を繰り返された。上司を配属替えしてほしい、さらには減給するなどの処分を行ってほしい、と女性社員から申出がありました。
　会社としても適正な対処をしなければ・・・と思うのですが、こういった事案が初めてでして、何をどのように進めたらいいのでしょうか？

　懲戒処分をするにあたっては、懲戒事由に該当する事実が存在しなければなりません。したがって、会社としては、懲戒処分をする前提として、懲戒事由に該当する事実の存否につき調査をする必要があります。
　この点、対象者が事実関係を認め、かつ、事実関係を認めたことを証拠化できれば、それ以上の事実調査は不要となるかもしれません。
　しかし、対象者が事実関係を認めるとは限りませんし、事実調査を受けること自体が対象者に有名無形の負担をかけることからすれば、対象者への直接の聴取に先立って、懲戒事由に該当する事実を裏づける客観的な証拠がないかどうかを調査するべきです。
　もっとも、今回のような発言の存否が問題となるようなケースは、当該行為を直接的に裏づける客観的な証拠（例えば録音）が存在することのほうが少ないかもしれません。

しかし、当該行為を裏づける直接的に裏づける証拠はなくとも、日々のメールのやり取りなどで、両者の関係性、ひいては、上司がセクハラ行為に及ぶ可能性を、ある程度は把握することが可能であり、まずはこのような調査を尽くすべきでしょう。

ところで、今回のようなケースの場合は、事実調査の方法として、同じ部署の他の従業員からの聴き取りをすることも考えられます。

そのような聴き取りをする場合、上司から不利益を受けることをおそれ、あるいは、上司に迎合し、虚偽の事実が述べられる可能性があることから、聴き取り結果を証拠として用いる際は、その信用性を慎重に検討するべきでしょう。

手続

後日談：被害者である女性従業員からのヒアリングにより調査をすすめていくと、セクハラの内容は、①度重なる食事への勧誘（うち1回は応じ、食事に同席した）②高価な洋服を買い与えられ断りたかったが不利益を被ることを恐れてできなかった、という内容のものであったことが判明しました。一方、加害者とされた男性従業員は、部下である女性従業員をねぎらうつもりで食事に誘い、また大きなプロジェクトを無事に完遂したことへの報奨の意味で、ビジネスシーンにふさわしい洋服を買い与えたまでだと主張しました。「喜んで試着していたよ」といい、よもやセクハラにあたるとは考えもしなかったとのことでした。

このように、お互いの主張は異なりますが、女性従業員にとっては精神的負担が大きかったものでしょう。「タダより怖いものはない」といいますからね、プレゼントを受けたことの対価として何を求められるのかと戦々恐々とした日々をすごして

いたかもしれません。

　そうはいっても、女性従業員の希望を鵜呑みにして、懲戒処分および配置転換を行うことを決定するのは早計です。懲戒処分を科すに際しては、まずは、加害者に当該行為がセクハラに該当することを理解させ、本人への率直な謝罪を行うことを促しましょう。その上で、反省を促すためと、組織の秩序を維持するために懲戒処分を科すのが妥当です。

　また、再発を防止するためと被害者である女性従業員への配慮のために、配置転換を行うことは有効と考えますが、これも転換先があるかどうかなど、会社の規模や事業実態などに応じて事情は異なるでしょうから、どちらか一方に有利または不利となることのないよう、十分に検討してください。

　また、同様の事案が起こらないよう、社内の意識啓発を継続的に行っていくことも重要ですね。

27 調査などを経て処分を決定するまでの間、自宅待機にさせようと思います。この間の給料は払わないといけないの？

Q 今回、弊社従業員による現金の横領が発覚しました。いつから行っていたのかや、横領した金額がいくらなのかなどの事実を十分に調査したうえで処分の内容を検討したいのですが、その間の自宅待機期間中の給料はどのように取り扱うのが妥当なのでしょうか。

　懲戒処分をするにあたって、事実関係の調査のために、処分対象者に対し自宅待機を命じることがあります。この自宅待機命令は、裁判例においては、労働契約上の一般的な指揮命令権に基づく業務命令として行われるものであると理解されています（千葉地判平 5.9.24 等）。
　自宅待機命令を受けた従業員は労務を提供できないことになりますが、労務を提供できないことは、事実関係の調査という会社側の都合によるものですので、会社は労務の提供を受けなくとも賃金を支払わなければならず、例外的に、自宅待機を命じたことが会社の責任とはいえない理由に基づく場合に限って、賃金支払義務を免れることができます（民法 536 条参照）。
　そうすると、いかなる場合に賃金支払義務が免れるかが問題となりますが、裁判例では、当該従業員に自宅待機を命じる理由として、不正行為の再発、証拠隠滅のおそれなどの緊急かつ合理的な理由が存することが必要とするものがあります（名古屋地判平 3.7.22）。そのような理由がなく、例えば、他の従業員が動揺しないためなど、職場の秩序維持のみの理由では賃金

支払義務を免れるのは難しいと思われます。

　このケースで自宅待機期間中の賃金を支払わないことを検討しているのであれば、横領行為の再発、証拠隠滅のおそれの有無につき慎重な判断が求められます。

　自宅待機期間中の賃金をまったく支払わないというのは、かなりハードルの高いことのようですね。
　そうすると、危険回避のために自宅待機命令をすることに疑問が残るような場合は、少なくとも労基法26条による休業手当として平均賃金の60％以上の支払いが必要でしょうし、通常賃金の支払いを行う（言い換えると、自宅待機期間の欠勤控除をしない）という取扱いであれば、この点について争いが起こることを避けられそうです。
　なお、この自宅待機期間中の賃金の取扱いと、出勤停止処分による賃金の取扱い（無給）とを混同しないようにしてください。

28 決定した処分は、口頭で伝えても有効なの？　書面通知が必須なの？

Q オフィスの施錠を失念して帰ることが重なった社員に対して、口頭で戒告処分をしました。ところが、なかなか態度が改まりません。その社員は懲戒処分を受けたと思っていないようです。処分を口頭で伝えたことが原因でしょうか。書面で通知する場合、どんなことを書けばいいのですか。

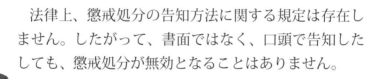

　法律上、懲戒処分の告知方法に関する規定は存在しません。したがって、書面ではなく、口頭で告知したしても、懲戒処分が無効となることはありません。

　しかし、口頭で告知した場合、そもそも告知がされたのかどうかについて争いが生じる可能性がありますので、書面で通知することが望ましいでしょう。

　書面で通知する場合の記載内容ですが、いかなる行為に対して、いかなる懲戒処分を行ったのかを明確に認識できるものにすべきです。

　ところで、書面で通知する場合、従業員が受領を拒否する場合がありますが、民法97条1項によると、意思表示は相手方に到達することにより、その効力を生ずるとされています。とすると、書面を受領しない場合は、到達したとはいえないのではないかが問題となりますが、判例によれば、同項の到達とは、相手方が意思表示を了知できる状態におかれたことを意味するのであって、現実に了知することまでは必要ないとされています（最判昭36.4.20）。

裁判例では、従業員が懲戒解雇の通知である内容証明郵便の受領を拒否した事案につき、従前の経緯から懲戒解雇の通知が発信されたことを認識し、「郵便物お預りのお知らせ」により郵便局に郵便があることを認識し、かつ、郵便局で受け取り拒否の手続きをしたという事実経過からすれば、当該従業員は容易に意思表示を受領できたとして、解雇の意思表示は有効に到達したと判断したものがあります（東京地判平 14.4.22）。

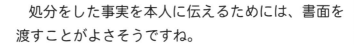

　　　　　処分をした事実を本人に伝えるためには、書面を渡すことがよさそうですね。
　　　　　参考書式を活用してください。必ずしもこのような書面による必要はありません。ある会社では、人事異動辞令、昇給辞令、懲戒処分通知など、人事から発せられるあらゆる通知をすべて名刺サイズで本人に手交しています。入社から受けた辞令等の履歴が名刺サイズのカードで溜まっていき、社員が手元に保管しておくことの利便性を考えてのことだそうです。

書式例：懲戒処分通知（譴責）

懲戒処分通知

_____ 殿

　役員会における審議の結果、平成　年　月　日から平成　年　月　日までの間における　　回の欠勤は、就業規則第　条違反に該当するため、譴責処分とすることを決定したので通知します。

　ついては、平成　年　月　日に、始末書を　　　　　　まで持参の上してください。

以　上

　年　月　日

株式会社○○
人事部長○○ ○○

書式例：懲戒処分通知

懲戒処分通知

_____殿

　懲罰委員会における審議の結果、就業規則第　条の定めに従い、下記の通り処分することを決定したので通知します。なお、本件処分に際し、口頭による弁明の機会を付与します。

記

1．懲戒処分

2．処分理由
　　①　平成　年　月　日のあなたの行為（　　　　　　　　　　　　　）は、就業規則第　条に違反したと認められるため、会社があなたに警告したところ当該事実を認めた。
　　②　再発防止を図るため、会社はあなたを平成　年　月　日付け譴責処分とし、あなたは始末書を提出し、再発防止を誓約した。
　　③　それにもかかわらず、その後のあなたの行動からは改善努力が伺えず、平成　年　月　日に同様の行為を行なった。
　　④　よって、会社は本件処分を行うものとする。

　　今後再びこのような事態を招かないことを切望します。

以　上

　年　月　日

株式会社○○
人事部長○○ ○○

29 ある日、職場に「○○を懲戒処分にしました。その理由は・・・」と貼り紙がしてありました。これって、やっても平気なの?

Q 都内で数店舗のカフェを経営している者です。各店舗の運営は、店長に一任しているのですが、ある日、巡回したカフェで店長の手書きによる貼紙を見つけました。「○○ちゃんの悪いところ」というタイトルの貼紙には、①懲戒処分を実施した事実、②どういった非違行為があったか、などが感情表現も交えて公表されていました。店長にその理由を尋ねると「再発の防止のために有効だと考えたから、他のスタッフにも知ってもらおうと思ってやりました」とのことでした。個人的には違和感を覚えるのですが、経営者として、このような店長(管理職)の取扱いを認めるべきでしょうか?

懲戒処分の事実の公表は、再発防止への有効な対策といえる一方、懲戒処分を受けた従業員の名誉やプライバシーを侵害するおそれがあります。

公表が違法とされた裁判例としては、東京地判昭52.12.19があります。

この裁判例の事案は、反経営的行動および不正行為をしたという理由で従業員を懲戒解雇した旨を記載した文書を全従業員に配布し、かつ、社内に掲示したというものです。

裁判所は、公表が許されるのは「具体的状況のもと、社会的にみて相当と認められる場合、すなわち、公表する側にとつて必要やむを得ない事情があり、必要最小限の表現を用い、かつ被解雇者の名誉、信用を可能な限り尊重した公表方法を用いて

事実をありのままに公表した場合に限られる」としたうえで、「原告らが重大な不正行為をなしたことによって懲戒解雇されたかの印象を与える本件各文書の内容、半ば強制的ともいえるその配布、掲示の方法、その配布掲示にあたり原告らの名誉の尊重を顧みない被告側の意図をも考慮すると、結局本件各文書の配布、掲示は、特にその公表方法、さらにはその公表内容において社会的に相当と認められる限度を逸脱して」いるとして、会社の公表を違法と判断しました。

　一方、公表が適法とされた裁判例としては、東京地判平19.4.27 があります。

　この裁判例の事案は、就業規則上、懲戒処分は「原則としてこれを公示する」という規定がある会社において、「担当業務において知り合った社外の人物と私的に連絡を取り合っていたが、その後、この人物とトラブルとなり、この人物らに多大な迷惑と不快感を与えた。私的な言動とはいえ、原告の行動は被告社員としてふさわしくない行動と言わざるをえず、被告の信用を著しく損ねる結果を招いた。この責任は極めて重大である」との理由で懲戒休職 6 カ月とする処分を行い、この処分理由を記載した書面を社内の掲示板に掲示したというものです。

　本件につき、裁判所は「懲戒処分は、不都合な行為があった場合にこれを戒め、再発なきを期すものであることを考えると、そのような処分が行われたことを広く社内に知らしめ、注意を喚起することは、著しく不相当な方法によるのでない限り何ら不当なものとはいえない」としたうえで、「本件掲示は、被告の社内に設置された掲示板に、原告に交付された『懲戒』と題する通知書と同一の文書を張り出す形で行われ、掲示の期間は発令の当日のみであったことが認められ、懲戒処分の公示方法として何ら不相当なものとは認められない」として、公表を適

法と判断しました。

　後者の裁判例によれば、「著しく不相当な方法」でない限り公表は違法とはならないというようにも思われます。

　しかし、前者の裁判例のように、公表が違法と判断され、従業員から損害賠償請求を受けるリスクを考えれば、公表をするのであれば、「他の従業員への戒めという目的を達成するために必要最小限度であるか」という視点で公表方法を検討すべきであり、特に、氏名まで公表することには慎重であるべきでしょう。

　処分事案の公表は、同じ過ちを社内で繰り返さないためという趣旨で行われるものです。その趣旨にそって社内で検討したい点は次のとおりです。

①公表する基準を明確にする・・・公表することによって再発防止に資する案件に限定しましょう。
②公表する範囲を決める・・・必ずしも全従業員とすべきものではありません。部下の指導にあたる管理職までにとどめておくことでも、再発防止効果が期待できます。
③公表内容を検討する・・・個人名までは必要ないケースがほとんどでしょう。

　このようにプライバシーに配慮しつつ、企業内秩序維持に資するべく公表を適切に行っていけば、「不正があったら厳正に処分をするという公正な会社（人事・総務部）だ」と従業員からの信頼度も高まることでしょう。

30 ハラスメント被害者に、加害者である従業員への処分内容を知らせるべき？

Q 社内通報窓口に、セクハラを受けたと主張する派遣スタッフから相談がなされました。この派遣スタッフは既に派遣期間を満了し、当社で勤務をしていませんが、「厳正な処分を行っていただきたい。処分内容について結果を知らせてほしい」と要望しています。会社の対応として、処分した内容を知らせるべきでしょうか？

　これは非常に難しい問題です。
　懲戒処分がなされたことを社内に公表する際の問題点についてはQ29で検討しましたが、処分の内容を被害者に通知することは、社内に公表する場合と同様に、被処分者のプライバシーを侵害する側面があります。
　また、設問で処分内容の通知を求めている方は、被害者であり、かつ、すでに退職して会社を離れているということですから、処分の内容を通知（公表）する意義である他の従業員に対する教育的効果も期待できません。
　したがって、処分の内容を通知すべきでないという回答も考えられるところです。
　しかし、刑事手続きにおいても、被害者保護の観点から、検察官が被害者に対して、事件の処分結果（起訴したのか否か。起訴しなかったときは、その理由の概要も含む）、裁判の期日、裁判の結果等を通知する被害者等通知制度が実施されていることからすると、懲戒処分においても、これに準じて、被害者に

対して、処分をした場合はその内容を、処分をしなかったときはその理由の概要を通知するという考え方もありえます。

　被害者を通じてその他の第三者に情報が拡散するおそれがあるなど、注意すべき点はありますが、私としては、後者の考え方でいいのではないかと考えています。

　　　懲戒処分結果の社内公表と、被害者への処分結果の通知は別モノと考えておくのがよいのですね。そして、ここでも刑事手続きの考え方が応用できるのですね。

　さて、実務上は、処分内容を被害者に通知することとする場合には、調査の段階から被害者と加害者との間で認識の相違がある点を明らかにして、その相違を埋めていくという事実確認のプロセスを丁寧にとることが重要です。これをおざなりにしてしまい結果通知のみを行った場合には、被害者から「その処分では不本意だ」と反論されてしまうことになりかねません。

31 懲戒解雇したけど、後から普通解雇にすることはできる？

Q ある社員が問題行為をしたので懲戒解雇しましたが、その社員から「問題行為をしたのは認めるが、就業規則の懲戒解雇事由に該当しないのではないか」と訴えられています。社内で改めて検討したところ、懲戒解雇事由に該当するとはいえないのではないかとの疑念が生じてきました。ただ、かなりの問題行為をしたのは事実なので、普通解雇はできたと考えています。今から、過去の懲戒解雇を普通解雇だったことにできますか。

懲戒解雇と普通解雇は労働契約の終了を法律効果としている点で共通します。しかし、裁判例においては、「懲戒解雇としては無効であるが、普通解雇としては有効」と判断することは、懲戒権の行使として行われる懲戒解雇の意思表示と、民法の解雇自由の原則の中で行われる中途解約の意思表示である普通解雇の意思表示とでは、法的性質が大きく異なることを無視するものであり、このような無効行為の転換を安易に認めれば、労働者の地位を著しく不安定にするとして、原則的には許されないとされています（福岡高判昭47.3.30、東京地判平24.11.30 等）。

したがって、設問に対する回答は「できない」ということになりそうです。

では、どのような場合であれば、無効な懲戒解雇を有効な普通解雇に転換できるのでしょうか。

これについては、懲戒解雇の意思表示に普通解雇の意思表示が含まれているといえる場合は転換が認められるとされていますが、両者の意思表示の法的性質が大きく異なることをふまえると、安易に懲戒解雇の意思表示に普通解雇の意思表示が含まれるとの事実認定をすることは許されず、懲戒解雇をするにあたって、普通解雇の意思表示を含んでいる旨を明示しているような場合に限られるでしょう（前掲東京地判）。

　懲戒解雇の場合と、普通解雇の場合とでは、たとえば退職金の支給額に差が出るなど、従業員にも大きな影響が及びます。そこで、懲戒解雇を維持する強い事情がない場合は、普通解雇として労働契約の終了手続をすすめるケースが少なからず現場ではあります。労使双方にとって将来に遺恨を残さない穏当なやりかただと思いますから、懲戒解雇を検討する場合には普通解雇にする余地はないかを慎重に検討しましょう。

　なお、あくまでも懲戒解雇処分に固執するケースとは、被害者が存在するような重大な刑法犯罪が存在するなどのケースで、企業として厳正な処分をするという姿勢を明確にするという立場を維持すべき場面です。横領をしながら普通解雇として十分な退職金も受けていたという地方公務員が、マスコミに「甘い処分・組織が腐っている・納税者に対して誠実さに欠く」などと叩かれた例もありました。

32　問題社員の同僚に聞き取り調査をしたら回答拒否。この同僚も懲戒はできるの？

Q 　当社のある従業員が就業時間中に社外で政権批判の集会に参加しているという噂があり、ある日、尾行をしたところ、実際にそのような集会に参加していることがわかりました。このような行為は就業規則で禁止されており、この社員を懲戒処分するつもりです。ただ、その前に、なぜこの社員がそのような集会に参加することになったのかを確認しようと思い、この社員と仲が良い、他の部署の別の社員に聴き取り調査をしました。ところが、その社員は「答えなくない」の一点張りです。「業務命令だ」と言っても応じません。会社の調査に協力しない以上、この社員も懲戒処分をせざるをえないと考えています。問題ないでしょうか。

　　他の従業員の問題行為に関する調査に協力しなかった場合の懲戒処分の可否については、判例（最判昭52.12.13）があります。

　　判例によれば、使用者は企業秩序違反について調査することはできるが、従業員は労務提供義務やこれに付随する企業秩序順守義務等の義務を負うものの、企業の一般的な支配に服するものではないから、使用者の調査に当然に協力すべきということにはならず、調査に協力する義務を肯定するためには、①その従業員が他の労働者に対する指導、監督ないし企業秩序の維持などを職責とする者であり、調査に協力することがその職務の内容となっているか、②調査対象である違反行為の性質、内容、当該従業員の違反行為を見聞する機会と職務執行

92　第2章　各論

との関連性、より適切な調査方法の有無等諸般の事情から総合的に判断して、調査に協力することが、労務提供義務を履行するうえで必要かつ合理的であると認められる必要があるとしています。

　設問は、部署が違うのですから①は肯定できないでしょうし、調査の内容は、集会に参加した社員の動機であり、調査対象者の職務執行との関連性が認められず、また、調査対象者の労務提供義務を履行するうえで必要かつ合理的ともいえず、②も肯定できないと思われます。したがって、設問の事実関係で懲戒処分をすることは、無効と判断される可能性が高いといえそうです。

　まずは雇用関係にあるからといって、従業員が会社に全人格的に従属しているわけではないことを認識しておくことが肝要です（ときどき、その点を履き違えてしまっている経営者さんに出くわします）。
　さて、そうだとしても職場内で起こった不正行為・不誠実行為について企業秩序を維持するためには他の従業員をも巻き込んで事実確認をする必要がある場面はありますよね。従業員は全人格的に会社に従属しているわけではないとしても、調査に誠実に応じるべきです。特に、業務遂行過程で起こった行為であればなおさらのことと思えます。
　そうすると実務上は、調査を実施するときには、原則的には任意の協力を求めるというスタンスに立ち、これを実施することが適当でしょう。協力を業務命令とし違反者を懲戒処分するのは例外中の例外と捉えておくのが妥当です。

33 セクハラを受けている間にスマホで録音。無断で録音したから証拠にはならない？

Q ある女性社員から上司の男性社員からセクハラを受けているとの申告があり、その証拠として、録音データの提供を受けました。上司と会話をするときに手元のスマートフォンのアプリで録音していたそうです。その録音を聞いたところ、男性社員が女性社員に対して、卑猥な言動を繰り返していることがわかりました。当社はセクハラに対しては厳しく対処しているので、男性社員を懲戒しようと考えていたのですが、男性社員からの事情聴取の際、事実関係を否定するので、録音データを突き付けたところ、「無断で録音された録音データは証拠にできないはずだ」と言われてしまいました。無断録音は証拠にできないのでしょうか。

　懲戒処分の有効性は最終的には民事訴訟の場で判断されることになるので、懲戒事由該当事実を認定するために用いた証拠が民事訴訟において証拠能力（証拠として用いることのできる資格）を有するものであるかという視点で考えるべきでしょう。

　民事訴訟における証拠の証拠能力はどのように判断されるべきかについて、裁判所は、民事訴訟法に証拠能力に関して何ら規定するところがないこと、裁判における真実発見の要請、民訴法247条の自由心証主義等に照らし、提出された証拠は、原則的に証拠能力が認められるものの、その証拠が著しく反社会的な手段を用いて収集されたものであるときは、証拠能力を否

定されうるとの立場をとっています（東京高判昭 52.7.15 等）。ただし、懲戒処分の刑事手続類似性から厳格に証拠能力が検討される可能性もあることには注意が必要かもしれません。

設問についていえば、録音データは、録音の同意がないとしても、手元のスマートフォンのアプリで当事者間の会話（会話内容自体に被録音者のプライバシー侵害はない）を録音したものであり、盗聴器を仕掛ける等の方法によって収集されたものではないのですから、著しく反社会的な手段を用いて収集されたとはいえず、証拠能力は認められるように思います。

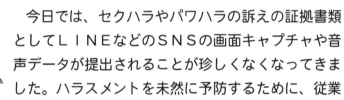

今日では、セクハラやパワハラの訴えの証拠書類としてＬＩＮＥなどのＳＮＳの画面キャプチャや音声データが提出されることが珍しくなくなってきました。ハラスメントを未然に予防するために、従業員への情報提供を社内研修などを通じて定期的に実施することが会社として求められる措置といえましょう。「いつでも音声がとられていると思って、ＳＮＳでの発言が裁判で提出されるかもしれないと思って、ことばをかえると『お天道様がいつでも見ている』つもりで、言動に注意しましょうね」と伝えたいですね。

34 本当は高学歴なのに低学歴と詐称していた。この場合、経歴詐称で懲戒はできるの？

> **Q** 当社は現場作業員を新聞広告で募集したのですが、「中卒者または高卒者」という応募条件を設けていました。この広告を見て応募し採用された社員がおり、その社員は応募の際の履歴書の経歴に「○×中学校卒」としか学歴を書いていませんでした。ところが、最近になって、実際は東京大学法学部卒であることがわかりました。当社の就業規則では、経歴詐称を懲戒解雇事由としているのですが、この社員を懲戒解雇しても問題ないでしょうか。

　経歴詐称につき、裁判所は、経歴は企業秩序の維持に関係する事項であるから、労働者は経歴につき真実を申告すべき義務があり、これを詐称することは懲戒事由となりうるとの立場をとっています（最判平3.9.19）。

　そして、詐称された経歴につき使用者が正しい認識を持っていたのであれば、その者を採用しなかったであろうといえる場合は、懲戒解雇も認められるとされています（東京高判昭56.11.25、東京地判平22.11.10）。

　したがって、設問のように、学歴を高く詐称するのではなく、低く詐称する場合であっても、学歴の詐称がなければ、採用しなかったという関係が認められるのであれば、懲戒解雇も認められることになります（前掲東京高判）。

　逆にいえば、経歴の詐称があったとしても、採用にあたって

その部分が重視されていなかったのであれば、懲戒解雇までは認められない可能性があります。

　経歴詐称を理由にする懲戒解雇の有効性を検討するにあたっては、「正しい経歴を知っていれば、採用したかどうか」という観点が重要です。

　　高学歴は邪魔になるものではないように思えますが、学歴詐称は学歴を高くまたは低く見せたことが問題となるという論点のほか、労使の信頼関係が破壊される、という論点が重要視されているように思います。

　採用されるそのときに、ウソをついて入社してきた社員がいたら、経営側はさらにウソがあるのではないかと疑心暗鬼に陥ってしまいますよね。ですので、学歴を低く詐称する（低位詐称）もときとして懲戒解雇の対象となるのです。

　ところで、今回のケース、なぜ学歴詐称をしてしまったのでしょう。処分検討する前に是非本人から事情をヒアリングしていただきたいと思います。

35 採用後に前科者である噂が。事実だった場合、懲戒解雇できる？

Q 建設業を営む会社です。最近雇った従業員なのですが、履歴書の賞罰欄に「賞罰なし」と記載していたにもかかわらず、他の従業員からの申告で、実は前科があることがわかりました。当社は、就業規則において「重要な経歴を偽り採用された場合」を懲戒解雇事由としています。この先、本人に事実をヒアリングし、前科があることが確定した場合は、懲戒解雇できるのでしょうか？

　　犯罪歴の詐称も、他の経歴の詐称と同様に、その犯罪歴の詐称がなければ、採用しなかったであろうという関係が認められるのであれば、懲戒解雇も認められるといえます（信用棄損罪で懲役2年6月の有罪判決を受けたことを秘匿していた者の懲戒解雇を有効とした裁判例として東京地判平 22.11.10）。

　しかし、「賞罰なし」とは、裁判例によれば、確定した有罪判決をいうものとされており（東京高判平成3・2・20）、罰金刑を受けたことは含まれますが、公判が継続中であることや、起訴猶予となったことを申告しなかったとしても、これらは確定した有罪判決ではないことから、履歴書の虚偽記載とはならず、また、これらの事実については、具体的にそのような事実の有無につき質問をされたような場合でない限りは、労働者に告知すべき義務はないと考えられています。

　また、有罪判決を受けていたとしても、執行猶予付き判決で

猶予期間を経過した場合や、実刑判決であっても刑の執行が終わってから 10 年以上が経過した場合は、刑の言渡しは効力を失うので（刑法 27 条、同法 34 条の 2・1 項）、これらの場合も「賞罰」としての記載は不要であり、また、積極的な告知義務もないと考えられます。

　設問においては、対象の従業員の「前科」がいかなるものなのか不明であり、そもそも賞罰欄に虚偽記載をしたといえるのかも不明です（一般的に、有罪判決を受けて刑罰を科されたことという「前科」の意味を正確に理解して「前科」ということばを使っている方は少数であると思われます）。したがって、まずは、本人へのヒアリング等によりこの点を確認する必要があります。

　「前科」ではない犯罪歴であることが明らかになった場合は、基本的にその事実に告知義務はないと考えられますので、なおも犯罪歴詐称を問題としようとすれば、採用時に「前科」ではない犯罪歴の有無について質問をしていたかを確認すべきことになります（通常はこのような質問をしていないように思えます）。

　以上の調査を経たうえで、犯罪歴詐称といえる事実が判明した場合に初めて懲戒解雇をなしうることになりますが、懲戒解雇ができるのは、その事実について詐称がなければ、採用しなかったであろうという関係が認められる場合であり、あらゆる犯罪歴の詐称が懲戒解雇を有効とするものではないことには注意が必要です（例えば、車を使わない業種に採用された従業員が、車のスピード違反で 10 万円の罰金を受けたことを黙っていたとしても、懲戒解雇までする必要はないと思われます）。

雇用にあたっては、その人の現在を評価し、未来に期待すればいいのだから、経歴などは格別の意味を持たないとのポリシーで、積極的に犯罪歴のある若者の採用・育成に力を注いでおられる社長がいらっしゃいます。また、法務省では、刑務所出所者等の採用に協力する雇用主に奨励金の支給をするなどの支援制度も実施しています。

刑務所出所者等就労奨励金制度（実際に雇用してくださった協力雇用主に最長1年間奨励金を支給します。）

就労・職場定着奨励金

刑務所出所者等を雇用した場合、最長6か月間、月額最大8万円をお支払いします。
※ 刑務所出所者等に対して、就労継続に必要な技能や生活習慣等を習得させるための指導や助言等を実施していただき、保護観察所にその状況の報告を行っていただきます。

最大48万円

就労継続奨励金

刑務所出所者等を雇用してから6か月経過後、3か月ごとに2回、最大12万円をお支払いします。
※ 刑務所出所者等に対して、就労継続に必要な技能や生活習慣等を習得させるための指導や助言等を実施していただき、保護観察所にその状況の報告を行っていただきます。

最大24万円

身元保証制度

身元保証人を確保できない刑務所出所者等を雇用した日から最長1年間、刑務所出所者等により被った損害のうち、一定の条件を満たすものについて、損害ごとの上限額の範囲内で見舞金をお支払いします。

最大200万円

トライアル雇用制度

刑務所出所者等を試行的に雇用した場合、最長3か月間、月額4万円をお支払いします。
※ 事前にトライアル雇用求人をハローワークに登録していただくとともに、雇用保険に加入していることが条件となります。

最大12万円

職場体験講習

刑務所出所者等に実際の職場環境や業務を体験させていただいた場合、講習委託費をお支払いします。
※ 社会保険に加入していることが条件となります。

最大2万4,000円

事業所見学会

刑務所出所者等に実際の職場や社員寮等を見学させることにより、就労への意欲を引き出します。

公共調達における雇用実績の評価

法務省発注の矯正施設に係る工事の一部の競争入札において、刑務所出所者等の雇用実績を評価する総合評価落札方式を採用しています。詳細は法務省ホームページをご覧ください。

http://www.moj.go.jp/hogo1/soumu/hogo02_00045.html

　そうはいっても、一部の業種では、犯罪歴のある者は職務をなしえない等経歴が重要な採用条件となっていることもありますから、そのような業種（たとえば、警備業、金融業等では、一定の犯罪歴には神経質にならざるを得ない等）であれば、採

用面接時にヒアリングを実施するなどして、採用のミスマッチを防ぐことが重要です。

※バス・トラック等のドライバー職採用では、当たり前のように事故歴調査が行われます。自動車安全運転センターが交付する運転記録証明書により採用前の事故歴を把握することが求められているためです（国土交通省告示第 1366 号　H13.8.20　H20.10.1）。

経歴詐称

36 会社の許可なくソフトをパソコンにインストール。それを私的利用していた従業員を懲戒処分したい。

Q 当社の某課では従業員全員にパソコンを貸与しているのですが、ある職員が会社の許可なくチャットソフトをパソコンにインストールして、外部の人間と私的なやり取りをしていたことが判明しました。さらに、その職員は、同じ課の他の職員にもそのソフトをインストールするように働きかけ、職員同士で、上司の悪口を送りあっていた事実も確認できました。当社にはパソコンの取扱規程はありませんが、就業規則に「職員は物品を私用のため用いてはならない。」との規定がありますので、この規定に基づき、懲戒処分をしようと考えています。問題ないでしょうか。

裁判例（札幌地判平17.5.26）は、設問と類似の事実関係で減給処分がされた事案につき、前記の就業規則の規定に違反していることは認めつつ、パソコンの取扱規程がないことのほか、やり取りの頻度が多いとはいえないこと、他の職員もパソコンの私的利用の事実が認められるにもかかわらず、注意や警告がされたことがないこと等を理由に、減給処分は重すぎ無効であるとの判断をしました。

一方、他の裁判例（福岡高判平17.9.14）は、専門学校の職員が貸与されたパソコンと学校のメールアドレスを使用して、出会い系サイト関連と思われる送受信を各800回程度行い、かつ、その半数程度が業務時間内に送受信されており、しかも、その内容もＳＭの相手を求めるというものであったという事案

において、パソコンの取扱規程がなくとも、このようなことが許されないのは明らかであるとして、懲戒解雇を有効と判断しました。

　これらの裁判例からすれば、業務用パソコンによる私的メール（チャット）は、職務専念義務違反に該当しうるものではありますが、その事実だけで直ちに重い処分ができることにはならず、パソコンの取扱規程を設けているか否か、そして、やり取りの頻度およびその内容をふまえて、処分の相当性が判断されているといえます。

　なお、根拠なく従業員の使用しているパソコンを調査することは、プライバシー侵害の問題があることも、指摘しておきたいと思います。

　かつて私がＯＬだったときのことを思い出します。「ペタろう」という付箋貼り付けソフトをＰＣにダウンロードし、ご相談者さんの例と、まったく同じことをしていました。無論、それが非違行為だという認識ではなく、電話伝言などを連絡しあうのに合理的だと同僚らと意見が一致して行っていたのですが、今振り返るととんでもない従業員だったのですね。

　ネットから不適切なソフトをダウンロードすることで、ウイルスに感染するなど重大な事故に至る恐れもありますから、パソコン利用規程を備え、私的利用を禁ずること、無料ソフトのダウンロード等を禁ずることを定め、定期にメンテナンスを行う運用を定着させましょう。不干渉こそ不正行為の温床ですから。

37 居眠りが目立つ社員に問いただすと、「睡眠時無呼吸症候群」という病気なんですという。この場合は居眠りしていても処分できないの？

Q デスクワークの職場ですからドライバーなどとは違って大きな問題になることはないのですが、「○○さんがしょっちゅう居眠りしているんです」と周りの社員から複数の申告が上がってきています。本人を呼び出して事実確認をすると、「睡眠時無呼吸症候群」という病気だというのです。このように病気を抱えているという事情がある場合、懲戒処分を科すことはできないのでしょうか？　同じように、頻繁にトイレのために離席する社員があります。この社員は「ストレス性の大腸炎でして」といいます。こういったことを認めだすと、職場の規律が緩んでいくことになりかねないと危惧しています。

　労働契約法 15 条は「使用者が労働者を懲戒することができる場合において、当該懲戒が、当該懲戒に係る労働者の行為の性質及び態様その他の事情に照らして、客観的に合理的な理由を欠き、社会通念上相当であると認められない場合は、その権利を濫用したものとして、当該懲戒は、無効とする」と規定します。

　裁判例においては、同条は、①懲戒処分の根拠規定が存在していることを前提に、②懲戒事由に該当すること、③処分の相当性の３つの有効要件から構成され、②および③は、当該労働者の態度・動機、業務に及ぼした影響、損害の程度のほか、労働者の情状・処分歴などに照らし判断されるべきことを規定したものと解釈されています（東京地判平 22.9.10、東京地決平

22.7.23、東京地判平 24.11.30)。

　今回のケースで懲戒処分をするにあたっては、居眠りの原因が「睡眠時無呼吸症候群」であるかどうか、あるいは、頻繁にトイレのために離席する理由が「ストレス性の大腸炎」であるかどうかの事実確認をまず行うべきです。病気は高度のプライバシーにかかわることですので、安易に病気の有無・内容につき尋ねることには慎重であるべきですが、現に業務に支障を来たしている状況が存在し、かつ、従業員がその理由を病気としている場合は診断書の提出を求めることは可能であると考えられます。

　そのうえで、問題の行為が病気によるものであることが判明した場合の対応ですが、病気は通常は本人の意思によるものではないですから、当該行為をした労働者の態度・動機を非難することは困難であり、そうである以上、懲戒処分をしたとしても、労契法 15 条に照らし、そもそも懲戒事由に該当しない、あるいは、懲戒事由に該当するとしても懲戒処分をすることは社会通念上相当ではないとして無効と判断される可能性が高いと思われます。

　懲戒処分が有効となるのは、会社が治療を勧めたにもかかわらず、当該従業員がそれを無視して勤務を続けた場合のような例外的な場合に限られるでしょう。

　なお、責任能力を欠く行為に対し懲戒処分することはできないとした裁判例が存在します（大分地判平 8.6.3)。

職務懈怠

疾病に起因して労務提供が不完全である場合には「受診命令」を出して、病状の確認を行うことが必要なのですね。そのためには、就業規則上、「労務の提供が不完全である場合に、会社は従業員に対して医師の診断を受けることを命ずることができる」旨が規定されているかも確認しておきましょう。

　受診の結果、疾病の状況が把握できたならば、産業医の意見も聴取しながら制限付の勤務継続または休職発令等を検討することになります。懲戒処分ではなく人事権の行使として、その従業員の働き方や、場合によっては処遇などを検討することになります。

　受診が拒絶される場合、疾病の状況が把握できませんよね。「就業規則等において受診命令を発し得ることが定められている場合には、労働者の疾病の治癒回復という目的との関係で合理性ないし相当性がある限り、労働者は労働契約上、その指示に従う義務がある。（最判昭 61.3.13）」といった判例もあり、この場合には受診命令拒否について懲戒処分を検討することができますね。

ひとことメモ②　　情状酌量とは？

　情状とは、刑事手続きにおいて非常に重要なことばです。検察官は犯人を起訴するかどうかを判断するにあたって情状を考慮しますし（刑訴法 248 条）、起訴された後の裁判においても、裁判官は、犯罪の情状に酌量すべきことがあるときは、刑を減軽することができ（刑法 66 条以下）、あるいは、情状によって、執行猶予の判決をすることができるとされています（刑法 25 条）。保釈の保釈金を決めるにあっても、情状は考慮要素とされています（刑訴法 93 条）。

　酌量ということばは、法律上は、刑法 66 条以下の酌量減軽の部分でしか出てこないのですが、酌量ということばは、そもそも、同情的に考慮するという意味ですから、以上のいずれも、情状酌量の場面ということができます。

　では、情状とは、どのようなことをいうのでしょうか。これはなかなか難問なのですが、犯罪でいえば、行為自体の危険性、結果の重大性、主体性（自ら主導したか、従属的な立場か）、計画性、被害弁償、反省の態度、社会的制裁、前科関係等が含まれると考えられます。

　刑事手続きの考え方が懲戒処分をするにあっても参照されるべきことは何度か言及してきましたが、刑事手続きにおける情状酌量の考え方（考慮すべき場面、考慮要素）も、懲戒の対象となる行為が行われたとしても、それに対して懲戒処分をするかどうか、懲戒処分をするとしても、いかなる処分をするべきかを決定するにあたって、参考となります。

職務懈怠

38 うつ病になっている社員の非違行為は懲戒処分対象としてはいけないの？

Q ある社員から「自分はある団体に狙われているのだが、会社の同僚がその加害者集団に加担して嫌がらせをしてくる。同僚の嫌がらせのせいで業務に支障が生じているので、調査をしてほしい」との申し出がありました。しかし、調査をした結果、そのような嫌がらせの事実は認められませんでした。ところが、その社員は調査結果に納得せず、休職を認めるよう求めてきました。これに対し担当者が休職は必要ないと思うと回答したところ、その社員は「問題が解決されたと判断できない限り出勤しない」と述べて、有給休暇を全て使った後、約40日間、欠勤を続けました。この欠勤は懲戒事由の「正当な理由のない無断欠勤」に該当すると思われますので、懲戒解雇しようと思っています。ただ、その社員は普段から被害妄想的な言動が多く、何らかの精神的な疾患を抱えているように思われます。そのような社員を懲戒しても問題ないのでしょうか。

　　　　　設問類似の事案において、精神的な不調が伺われる従業員に対する懲戒処分のあり方が問題となった判例があります（最判平24.4.27）。
　　　　　同判決において、最高裁は「精神的な不調のために欠勤を続けていると認められる労働者に対しては、精神的な不調が解消されない限り引き続き出勤しないことが予想されるところであるから、使用者である上告人としては、その欠勤の原因や経緯が上記のとおりである以上、精神科医による健康診断

108　第2章　各論

を実施するなどした上で（記録によれば、上告人の就業規則には、必要と認めるときに従業員に対し臨時に健康診断を行うことが出来る旨の定めがあることがうかがわれる。）、その診断結果等に応じて、必要な場合は、治療を勧めた上で休職等の処分を検討し、その後の経過を見るなどの対応を採るべき」として、そのような対応を会社がとっていない以上、欠勤は懲戒事由である正当な理由のない無断欠勤に当たらず、懲戒処分は無効であると判断しました。

　最高裁が、精神的な不調を抱える労働者に対し懲戒処分をする場合に、治療を勧めるなどの積極的な対応をとることを求めている点は、注目されます。

　この判例をふまえると、設問においては、会社は、従業員の問題行動は精神的な疾患によるものではないかとの疑いを持っている以上、懲戒処分に先立って、まずは、当該従業員に対し、精神科医の受診を求めるなどの対応を求められることになるでしょう。

　近年、メンタルヘルス不調を訴える労働者の数は増え続けています。職場内でも看過できない問題です。メンタルヘルス不調に陥らないためには、本人のセルフケアも重要ですが、職場においては、特に上司にあたる人が部下の「いつもとの違い」に注意をして声がけをしたり、労働時間管理に注意したりしていくことを組織ぐるみで行っていきたいものです。

　その上で、企業規模（言い換えれば会社の体力）に応じて、精神疾患の方を雇い続けることができるのか、解雇や退職してもらうことの検討が現実的には必要になるようです。

39 「髭は似合う人に限り認める」というルールがある我が社。似合わない人が髭を携えているとき、髭を剃ってくることを命じ、従わなければ懲戒処分の対象とすることはできる？

Q 我が社は、飲食店を経営する会社です。『身だしなみ基準』と呼んでいる服務規律を定め、これを全従業員に冊子にして配布して遵守するよう求めています。このなかに「髭は似合う人に限り認める」という文言があります。これは、お客様に不快感をもたせるような風貌を禁止するために設けているものなのですが、似合わない従業員に髭を剃ってくるように命じることは可能でしょうか？ また、それに従わない従業員に対し、解雇などの処分は可能でしょうか？

Ｑ２で述べたとおり、懲戒事由は合理的なものである必要があり、企業秩序維持の目的に資するかという観点から、懲戒事由該当性が限定的に解釈されることがあります。

この点、従業員の服装や身だしなみについて一定の規制を加えることは、企業としてのイメージや信用を維持・確保する目的や、業種によっては、安全や衛生を維持・確保する目的から、規制の合理性を認めることができます。

もっとも、服装や身だしなみは、自己の外観をどのように表現するかという意味において、表現の自由や自己決定権にかかわることであり、その制約は私生活にも影響が及ぶことにも配慮する必要があります。

この点、裁判例においては、従業員の服装や身だしなみについての会社による規制は、従業員のこれらの権利を過度に侵害しないものでなければならず、その限度で、拘束力が認められるとされています（大阪高判平22.10.27、福岡地小倉支判平

9.12.25、東京地判昭 55.12.15）。

　今回のケースは飲食店ということであり、従業員が直接、多数のお客様と相対する業種であり、お客様も様々な嗜好を持っている可能性があることからすれば、できる限りお客様が不快感を抱かないようにするため、身だしなみを整える合理性は肯定できます。また、制限の内容も「お客様に不快感をもたせるような髭は禁止する」という趣旨であれば、従業員の権利を過度に制限するものとはいえないでしょう。

　したがって、無精ひげの従業員に対し髭を剃るよう命じることはできるでしょうし、繰り返し指示に従わなければ、最終的には解雇することも可能と考えられます。

　ただし、「髭は似合う人に限り認める」という規定の文言から「お客様に不快感をもたせるような髭は禁止する」との趣旨を読み取ることは必ずしも容易ではなく、文言自体を改めるべきでしょうし、「不快感をもたせるような髭」がどのような髭なのかは一義的には明らかではないので、この点の明確化（定義付け）も検討すべきです。

職場規律違反

　「髭は似合う人に限り認める」という表現の、具体的基準を定めておく必要があるようですね。トラブルを回避するためには「似合う人に限り認める」という表現を「顧客に不快感を与えるような場合に限り禁止する」といった表現に変えることも含めて、社長や所属長の一存（好み）で決めるのではないことが分かるようにしておきたいものです。また、髭を剃ってくるように従業員に指導する際にも、似合わないからという理由ではなく、顧客に不快感を与えないようにするためにという理由で、その従業員も納得した上で指導に従うことができるように伝えていくのが、労務管理上穏当なやりかたですね。

40 セクハラと懲戒処分①
具体的にどんな行為が懲戒事由になる？

Q 当社の就業規則は「性的な言動により、他の労働者に不快な思いをさせ、又は職場の環境を悪くしたとき」を懲戒事由として定めているのですが、どのような行為がこの懲戒事由に該当するのでしょうか。指針等があれば、教えてください。

セクハラに関し、男女雇用機会均等法11条1項は「事業主は、職場において行われる性的な言動に対するその雇用する労働者の対応により当該労働者がその労働条件につき不利益を受け、又は当該性的な言動により当該労働者の就業環境が害されることのないよう、当該労働者からの相談に応じ、適切に対応するために必要な体制の整備その他の雇用管理上必要な措置を講じなければならない」と規定しています。

そして、同項の「必要な措置」につき、厚生労働省は「事業主が職場における性的な言動に起因する問題に関して雇用管理上講ずべき措置についての指針」（平成18年厚生労働省告示第615号）を定めています。

同指針によると、職場におけるセクハラは、事業主が雇用する労働者が業務を遂行する場所において行われる性的な言動に対する労働者の対応により当該労働者がその労働条件につき不利益を受けるもの（「対価型セクシュアルハラスメント」）と、当該性的な言動により労働者の就業環境が害されるもの（「環境型セクシュアルハラスメント」）があるとされています。

そして、「性的な言動」とは、性的な内容の発言および性的

な行動をいい、この「性的な内容の発言」には、性的な事実関係を尋ねること、性的な内容の情報を意図的に流布すること等が、「性的な行動」には、性的な関係を強要すること、必要なく身体に触ること、わいせつな図画を配布すること等が含まれるとされています。

　そのうえで、「対価型セクシュアルハラスメント」の例として、①事務所内において事業主が労働者に対して性的な関係を要求したが、拒否されたため、当該労働者を解雇すること、②出張中の車中において上司が労働者の腰、胸等に触ったが、抵抗されたため、当該労働者について不利益な配置転換をすること、③営業所内において事業主が日頃から労働者に係る性的な事柄について公然と発言していたが、抗議されたため、当該労働者を降格することが挙げられています。

　また、「環境型セクシュアルハラスメント」の例として、①事務所内において上司が労働者の腰、胸等に度々触ったため、当該労働者が苦痛に感じてその就業意欲が低下していること、②同僚が取引先において労働者に係る性的な内容の情報を意図的かつ継続的に流布したため、当該労働者が苦痛に感じて仕事が手につかないこと、③労働者が抗議をしているにもかかわらず、事務所内にヌードポスターを掲示しているため、当該労働者が苦痛に感じて業務に専念できないことが挙げられています。

職場規律違反

　いまや一般用語となった「セクハラ」。近年はパワハラ、マタハラ、ケアハラ、スメハラ…などハラスメント用語は多岐に渡っているようです。職場内の人間関係が円満であれば問題にならないようなちょっとした発言でも「セクハラです！」と言われてしまうご時世。部下や後輩を持つ立場の社員なら、どんな言動がハラスメントかを知っておくことで無用なトラブルを避けられます。

41 セクハラと懲戒処分②
セクハラに関する懲戒処分で注意すべき点は？

> **Q** ある女性社員から上司からセクハラを受けたとの申告がありました。飲食をしたあと、ラブホテルに連れ込まれそうになったので拒否したところ、人事評価を下げることをほのめかされたそうです。これは悪質なセクハラであり、懲戒すべきと考えているのですが、注意点を教えてください。

　　　　　設問の事案は、女性社員の主張する事実関係のみを前提とすれば、懲戒すること自体は問題がないように思えます。

　しかし、問題はそのような行為が実際にあったかどうかという点です。懲戒は制裁であり、場合によっては、従業員としての地位を奪うものですので、懲戒事由に該当する事実の認定は慎重にする必要があります。

　この点、セクハラは、客観的な証拠に乏しい傾向が強く、被害者と加害者の供述が証拠として重要な位置を占める場合が多いところに難しさがあります。

　供述証拠の信用性は、裁判実務では、供述内容と他の客観的証拠との整合性、供述内容の一貫性（変遷がある場合はその合理的理由の有無）・合理性・具体性等を基準に判断するものとされていますので、これらの観点からの検討をすべきでしょう。

　そして、供述証拠の信用性判断と重なる部分はありますが、セクハラの前後の事実関係（日時場所、セクハラに至るまでの経緯、被害者・加害者の前後の言動等）の調査も重要です。

114　第2章　各論

設問の事案でも、女性社員がセクハラを受けたとされる当時は、女性社員と上司は交際しており、その後、女性社員が上司に振られたという事実が認められるのであれば、女性社員は何らかの怨恨で虚偽の事実を作出しているのではないかとの疑いが生じることになります。逆に、その日を境にして、特別な理由は見当たらないのに女性社員の評価が大きく落ち込んでいるのであれば、その事実は、女性社員の供述の信用性を裏づけることになります。
　ただし、このような事実関係の調査・検討は、やり方によっては、被害者をさらに傷つける可能性がありますので、十分な注意が必要です。

職場規律違反

　社内で起こるトラブルとして持ちかけられる相談として、社内恋愛のもつれを起因とするセクハラ問題は実は少なくありません。人事・総務の担当者、小さな会社なら社長や専務は、「こんなことに時間を取られている場合じゃないんだけど…」と愚痴をこぼしながら相談にいらっしゃいます。そのたびにご案内しているのは「事実の認定は慎重にしてくださいね」ということなのです。なかなか事実を正確につかむまでに至らず、懲戒処分を断念することもありますが、両当事者の事情を丁寧に聞くというプロセスを経て、事態が好転する例も多くみています。

42 セクハラと懲戒処分③
セクハラが理由の懲戒解雇にはどんなものがある？

Q Q41 によりセクハラという事実自体が把握が難しく、また、セクハラ事案の処分もとても難しそうだということが分かりましたが、セクハラを理由とする懲戒解雇の有効性が問題となったと裁判例としては、どのようなものがありますか。

1 有効と判断されたもの

① 東京地判平 10.12.7

男性社員が派遣先企業の女性社員に対し、①女性社員が不快感を示していたにもかかわらず、肩を揉んでブラジャーに手をかけるような行為をした、②女性社員が帰宅するためにエレベーターに乗ろうとした際、追いかけてきて同じエレベーターに乗り込み、女性社員が 1 階に着いて降りようとしたときに腕を引っ張り抱きついた、③女性社員が残業を終えて帰宅しようとしたときに、事務室の電気が暗くなったことに乗じて抱きついたという事案。

② 大阪地判平 12.4.28

観光バスの運転手である男性社員が、①取引先に所属する多数の女性添乗員に対し、セクハラ行為（ただし、具体的な内容は不明）をして苦情を寄せられるという事態を招いた、②同じ会社のトラベルコンパニオンに対し、回送中の車内において、膝の間に手を入れる、脚部を触る、運転席から腕を伸ばして胸を触るなどの行為を約 1 時間半にわたって断続的に行った、③同じトラベルコンパニオンに対し、執拗に迫って、生駒山の展望台に連れて行き、抱きつき胸を触るなどした、④注意や事情

116 第 2 章 各論

聴取を受けても反抗的な態度を示したという事案。

③　東京地判平 17.6.17

　　従業員約 6000 名の会社の部長が部下の 2 名の女性に対し、日常的に性的な言動（「○○ちゃん、やらせてよぉ」「おまえ、いつやらせてくれるんだよ」「胸がないからちょっと豊胸手術でもお金を出してやるからしろよ」等）をしたり、身体的接触（手を握る、肩を揉む、腰に手を回し膝の上に座らせる等）を繰り返したうえ、飲食を共にした際、無理やりキスをしたり、深夜に自宅付近まで押しかけて自動車に乗せ、車中で手を握ったり、残業中の女性を膝の上に座らせたうえに、胸を鷲掴みにしたという事案。

④　東京地判平 22.12.27

　　会社の部長職にある者が、会社関係者が集まって行われた懇親会終了後、会社の業務委託先から出張していた女性社員に対し、その宿泊先に送った後、帰宅するよう何度も促されたにもかかわらず、これを無視して客室内に居座り、女性社員が横になっているベッドの上に横になり、女性社員の 1 名に対し、嫌がっているにもかかわらず、頭を撫で、ほほや唇にキスをして口の中に 2、3 回舌を入れるなどし、服の中に手を入れて腹や太ももを直接撫で、下着の中に手を入れようとするなどの行為を繰り返し、さらにもう 1 名に対しても、服の中に手を入れて直接乳首を触り、これを避けようとした腕をつかんで舐め、口の中に指を入れるなどした事案。

2　無効と判断されたもの
東京地判平 21.4.24

　　宴会の席で、複数の女性社員を側に座らせて、膝の上に座るよう申し向けて酌をさせたり、周囲の男性社員を指して「こ

の中で好みの男性は誰か。俺は金も地位もあるがどうか」と質問し、それに答えなかった女性社員に対し「誰がタイプか。これだけ男がいるのに、答えないのであれば犯すぞ」という趣旨の発言をするなど、品位を欠く言動を行い、日常的にも、酒席において、女性社員の手を握ったり、肩を抱いたり、それ以外の場面でも、特に女性の胸の大きさを話題にするなどしていた支店長の地位にある男性社員を懲戒解雇した事案。

　裁判所は、男性社員の言動は違法なセクハラであり懲戒事由該当性は認められるものの、①強制わいせつ的なものとは一線を画すこと、②宴会におけるセクハラは、酒を飲んだうえで調子に乗ってなされたものであるといえるし、「犯す」という発言は悪質だが真に乱暴する意思があったとはいえないこと、③会社に対して相応の貢献をし反省していること、④これまで会社が男性社員に対してセクハラ行為についての指導や注意をしていなかったことをふまえ、懲戒解雇は重すぎて無効であるとした。

　多くの読者は、無効と判断されたものも含め「それ懲戒解雇でしょ！」と叫びたくなる思いを抱いているかもしれませんね。適正な労務管理を進めるにあたっては、平成の現代にあってもなお有効例の事案のような悪質なセクハラが実態として存在しているということを知り、ハラスメント研修を実施するなどして、セクハラ予防の意識を高めることが必要です。

　また同時に、無効例からは、懲戒解雇のハードルの高さを感じられるのではないかと思います。未然防止に努めることがなによりですね。

43 上司からの言動で抑うつ状態になり働けなくなったとの申出が。パワハラであれば処分するけど、そもそもどんな言動がパワハラに該当するの？

Q 当社のある従業員から「上司から暴言を日常的に浴びせられたせいで、抑うつ状態になり、働けなくなってしまった。どうしてもあのパワハラ上司が許せないので、懲戒して欲しい」との申出がありました。その上司に聴き取りをしたところ「厳しいことばをかけたのは事実だが、それは指導の範囲内だ」と非を認めようとしません。上司の言動がパワーハラスメントに該当するのであれば、何らかの処分をしようと思いますが、パワーハラスメントに該当するかどうかの判断基準はあるのでしょうか。

職場規律違反

　厚生労働省は、平成24年3月に取りまとめられた「職場のパワーハラスメントの予防・解決に向けた提言」において、パワーハラスメントを「同じ職場で働く者に対して、職務上の地位や人間関係などの職場内の優位性を背景に、業務の適正な範囲を超えて、精神的・身体的苦痛を与える又は職場環境を悪化させる行為」と定義しました。

　そして、①身体的な攻撃（暴行・傷害）、②精神的な攻撃（脅迫・名誉毀損・侮辱・ひどい暴言）、③人間関係からの切り離し（隔離・仲間外し・無視）、④過大な要求（業務上明らかに不要なことや遂行不可能なことの強制、仕事の妨害）、⑤過小な要求（業務上の合理性なく、能力や経験とかけ離れた程度の低い仕事を命じることや仕事を与えないこと）、⑥個の侵害（私的なことに過度に立ち入ること）を典型的な6類型として整理しています。

　もっとも、このような定義づけ・類型化がされたとしても、個々の事案において、違法なパワーハラスメントに該当するか

119

どうかを判断するのは、依然として困難であるといわざるをえません。特に、ことばについては、指導との線引きが難しく、会社としては、難しい判断を迫られます（さらに、パワーハラスメントに該当するとしても、それに対して、どのような処分を課すのが妥当かという問題もあります）。

判断基準の明確化のためには裁判例の集積を待つしかありませんが、過去において、上司の部下に対する発言が違法性を帯びると判断された裁判例としては、次のようなものがあります。

1．海上自衛隊で上官が「お前三曹だろう、三曹らしい仕事をしろよ。お前は覚えが悪いな。バカかお前は、三曹失格だ」等の発言をしたという事案（発言を受けた自衛官は護衛艦内で自殺）で、上官の発言は心理的負荷を過度に蓄積させるもので指導の域をこえるものとして請求を一部認容したもの（福岡高判平 20.8.25）。

2．私立大学のラグビー部で選手の育成業務を受託した会社の従業員が、ヘッドコーチから「女だから駄目だ。女は気合いを入れられない。あいつは女だからチームのウォーミングアップで雰囲気を高めていくことはできない」などの発言を受けたという事案で、女性であることを理由として、トレーナーとしての能力を否定する言動であり、トレーナーとしての業務の遂行を困難にさせるものであったとして、大学、監督、ヘッドコーチの不法行為責任を認め、請求を一部認容したもの（東京地判平 25.6.20）。

3．他の社員に対し「何億円も使い込んでいる」などと中傷する発言をした社員に対する指導をした際に、その社員がその事実を否定したことから、「だったら証拠出せよ、それを。証

120　第2章　各論

拠持ってこい。使い込んだ証拠持ってこい、何億円の。」「言ったんだ。ちゃんと証拠取れているから。言ったって、事実証拠取れているから。発言内容の証拠取れているから、もう。出るとこに出ようか。民事に訴えようか。あなたは完全に負けるぞ、名誉毀損で。あなたがやっていることは犯罪だぞ。」「自分は面白半分でやっているかもわからんけど、名誉毀損の犯罪なんだぞ。」等述べたという事案において、人間性を否定するかのような不相当な表現を用いて叱責した点については、従業員に対する注意、指導として社会通念上許容される範囲を超えているものであり、不法行為を構成するとしたもの（広島高松江支判平 21.5.22）。

4．銀行において、ミスをした社員（なお、この社員は脊髄空洞症という難病による療養復帰直後であり、かつ、同症状の後遺症があった）に対し「もうええ加減にせえ、ほんま。代弁の一つもまともにできんのんか。辞めてしまえ。足がけ引っ張るな。」「一生懸命しようとしても一緒じゃが、そら、注意しよらんのじゃもん。同じことを何回も何回も。もう、貸付は合わん、やめとかれ。何ぼしても貸付は無理じゃもう、性格的に合わんのじゃと思う。そら、もう1回外出られとった方がええかもしれん。」「足引っ張るばあすんじゃったら、おらん方がええ」等の発言があったという事案につき、このような発言は健常者であっても精神的にかなりの負担を負うものであり、また、脊髄空洞症による療養復帰直後であり，その後遺症が存する者にとっては、さらに精神的に厳しいものであったと考えられ、それについて上司が全くの無配慮であったことに照らすと、パワーハラスメントに該当するとしたもの（岡山地判平 24.4.19）。

職場規律違反

ことばによるパワハラ.... 事例を読んでいても胸が詰まる思いがしますね。

　部下の育成指導にあたっては時として厳しいことばを使うこともありますよね。その際、指導範囲内として妥当と判断されるためには、使われることばにパーソナリティや人格を否定するものが含まれていないことがひとつのキーとなります。

　「お前はバカか」というのは人格の否定でしょうし、「女のくせに気が付かないのか」といわれるのはパーソナリティの否定ですね。そのようなことばを使わなくても、厳しい指導は可能なはずで、それができる人こそ上司として相応しい人といえましょう。

書式例：部下指導記録

部下指導記録

報告日：　　　年　　月　　日

対象社員	氏名		社員番号	
	所属		役職	

指導事案	①発生年月日および時間
	②発生場所
	③事案の内容（できるだけその事実を詳細に記載のこと

指導内容 （いつ、誰が、どのような対応をしたのか）	それに対する返答・態度

上長 コメント	
総務部 コメント	

職場規律違反

ひとことメモ③　　パワハラ予防は会社の責務

　平成24年1回目の報告に引き続き、平成30年3月「職場のパワーハラスメント防止対策についての検討会」報告書（厚生労働省）が公表されています。

　ハラスメントを受けたと感じた社員のうち、会社関係に相談をしたのはたった15.6％で、半数近くは「何もしなかった」と答えているのは残念な結果です。

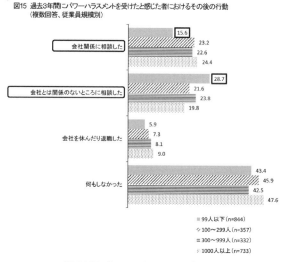

　「何もしなかった」理由は、「解決にならないと思った」と「不利益が生じると思った」が上位を占めています。

　会社に相談といっても、どこに相談すればいいのかが示されていない場合も多いと思います。相談窓口を設置すること、そして相談窓口があるんだよということを社員に知らせる研修等の機会を提供することで、少なくない数のハラスメント事案が未然に予防できるのではないかと思います。

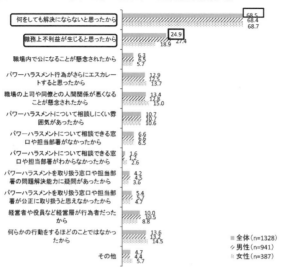

図19 パワーハラスメントを受けたと感じても何もしなかった理由(複数回答、男女別)

売上や業績に直結しない取組みは気が乗らないものかもしれませんが、大きな問題が起こる前に、会社として取り組めることを行いましょう。

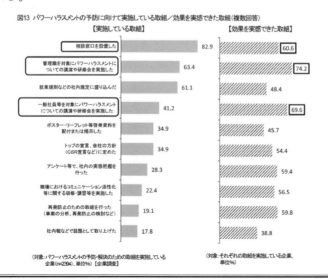

図13 パワーハラスメントの予防に向けて実施している取組/効果を実感できた取組(複数回答)

44 上司に暴言・暴行を加えた従業員を懲戒解雇にするのは当然？

Q 当社のある従業員が当社の代表取締役である専務に対し、「馬鹿やろう！俺の退職金を払え。退職金を払えばいつでも辞めてやる！」と大声で述べたうえ、専務を右手拳で1回殴打し、さらに、「馬鹿やろう！馬鹿やろう！」と叫びながら、その襟首をつかむ暴行に及びました。上司に暴行・暴言を働いた以上、懲戒解雇にするのが当然だと思いますが、いかがでしょうか。

設問のような暴言・暴行をした従業員に対する懲戒解雇の有効性が問題となった裁判例として、東京地判平21.6.16があり、この裁判例では、懲戒解雇は無効と判断されました。

この裁判例は、①従業員は定年後再雇用された者であるところ、再雇用契約時に、定年時に発生した退職金を毎月の給与に上乗せして支払う合意があったにもかかわらず、その支払いが滞っていたこと、②このことを専務に指摘したところ、専務が「あのお金はお前の権利のあるものじゃないんだ。会社の金だ」などと述べたことが従業員の発言のきっかけとなっていること、③従業員の発言に憤慨した専務が、従業員が手を出す前に、右手拳で従業員の左頬を1回殴打していること、④従業員の言動は、飲食店における私的な飲食という業務の遂行を離れた場面でされたものであり、従業員も専務も、酔った状態であったと思われることを考慮して、懲戒解雇は重すぎると判断してい

ます。

　暴言、暴行というと、懲戒解雇ができて当然のように思ってしまいがちですが、暴言・暴行に至るまでの経緯や、暴言の内容、暴行の態様、けがの程度、その後の反省の態度等を総合的に考慮して、懲戒解雇とすべきかどうかを検討することが必要です。

　　　　　　　会社や社長に対して暴言・暴行に及んでいる従業員にまつわる相談を社長から伺うことがたびたびあります。なかなか率直には聞きづらいのですが、「その従業員に、社長がなにかしたんですか？」と思ってしまいます。鏡の法則というのでしょうか、相手方にあらわれている言動は自身の言動の写し鏡であることが多いと、裁判に至る例では、気づかされることが多いからです。

　ところで、懲戒処分は、企業秩序維持・再発防止のために行うものですから、報復目的での処分は、正当化されないということだけは知っておきたいところです。

職場規律違反

45 会社の重要情報を自身の弁護士に開示した従業員。会社としては処分したいのですが、できますか？

Q 当社のある社員の代理人を名乗る弁護士から、当社の人事部宛てに、直属の上司から日常的な嫌がらせを受けているので速やかに改善するよう求める旨の通知が届きました。その通知には裏付け資料が添付されていたのですが、それには顧客リストや当社の人事情報など、外部に開示されることを全く想定していないものが含まれていました。これらの情報はその社員がアクセスできるものであり、不当な手段で入手したとはいえませんが、当社にとっては重要な情報であり、これを第三者に開示したことは看過できません。懲戒処分をしようと思いますが、いかがでしょうか。

　　　　兼業禁止と同様に、従業員に対し秘密保持義務を課し、これに違反することを懲戒事由としている会社は多数存在しているように思います。

　しかし、秘密保持義務違反を理由に懲戒処分をする場合は、①第三者に開示・漏洩された情報が守秘義務の対象となる秘密に該当するか、②対象となる情報が秘密に該当するとしても、第三者に開示・漏洩したと評価できるか、③守秘義務の対象となる秘密を第三者に開示・漏洩したといえるとしても、懲戒処分の対象とすることが妥当かを慎重に検討する必要があります。

　本設問では、顧客リストや人事情報は通常は保護の対象たる秘密情報であるように思われ、そして、それを第三者に開示し

128　第2章　各論

ているので、前記①②は肯定されるでしょう。しかし、当該社員が弁護士に資料を開示した理由は不当な目的であるとはいえないですし、弁護士は法律上守秘義務を負っていることをふまえると、懲戒処分の対象たる秘密保持義務違反があったとはいえないように思えます。類似の事案につき、東京地判平15.9.17は秘密保持義務に違反したとはいえないと判断しました。

　竹村先生のアドバイスのとおり、今回のケースは開示した先が弁護士であること、開示理由があることを考えると懲戒処分は難しいですよね。
　これに対して、退職間際の労働者が会社の設計図面などを大量に自宅に送付していたことで懲戒解雇としたのを有効とした裁判例（大阪地判平成13.2.23）もあります。これは第三者に漏洩される前だったものですが、「使用者に知られたくない理由によって資料の持ち出しをしたというものというほかなく」と推認できるなどの事情が述べられています。
　個別事案で事情が異なるでしょうから、慎重な処分検討が必要ですね。

46 就業規則で兼業禁止しているのに、他社で勤務している従業員がいました。当然、懲戒解雇できますよね？

Q 当社のある従業員が勤務時間外に他社で勤務していることが判明しました。本人もその事実を認めています。当社の就業規則には「会社の許可なく社外の業務に従事してはならない」との規定があり、これに違反することが懲戒事由となっています。この従業員を懲戒解雇しようと思うのですが、問題はありますか？

　兼業を禁止し、これに違反することを懲戒事由としている会社は多いと思います。しかし、兼業を理由に懲戒処分、特に懲戒解雇等の重い処分をする場合は注意が必要です。

　兼業を禁止する趣旨は、従業員の会社に対する労務提供が不能もしくは困難になること、または、企業秩序を乱すことを防止することにあると考えられます。逆にいえば、兼業の事実が認められるとしても、会社に対する労務提供に影響がなく、企業秩序を乱すこともないのであれば、懲戒事由該当性は認められないことになります。

　設問では、兼業の事実は認められるようですが、当該従業員がいかなる内容の兼業をしていたのか、当該従業員の社内での地位はどのようなものであったのかなどの具体的事実関係が不明です。まずはこれらの事実関係を確定し、そのうえで、懲戒事由該当性を検討する必要があります。

　裁判例では、女性事務員が午前 8 時 45 分から午後 5 時 15 分

までの勤務終了後に、午後6時から午前0時までキャバレーで会計係等をしていた事案につき、単なる余暇利用のアルバイトの域を越えるものであり、会社への労務の誠実な提供に支障をきたす蓋然性が高いとして解雇を有効と判断したもの（東京地決昭57.11.19）や、会社の部長が競業他社の取締役に就任したが、当該他社の経営には直接関わっていなかったという事案につき、競業他社の経営に関与する可能性が高く、また、部長職にあることからすると、会社の秘密を漏洩するおそれもあるとして、企業秩序を乱し、または、乱すおそれが大として、懲戒解雇を有効としたもの（名古屋地判昭47.4.28）がある一方で、運送会社の運転手が年1、2回の運送のアルバイトをしていたという事案につき、職務専念義務に違反したとはいえないとしたものがあります（東京地判平13.6.5）。

職場規律違反

兼業・副業の推進が政府の「働き方改革実行計画」でも政策課題として取り上げられるに至っていますから、一律に兼業禁止を職場規律として定めることは難しく、許可手続きを経て社業への不利益な影響が想定されなければ許可するといったことを行っていくべきです。そのような手続きが定着しているのにもかかわらず、手続を怠って無断で兼業・副業に従事していたとなれば、懲戒処分対象となりましょう。

書式例：副業・兼業許可申請書（兼 定期報告書）

副業・兼業許可申請書（兼 定期報告書）

□ 新規申請 ／ □ 継続申請（定期報告含む）

株式会社○○
代表取締役 ○○ ○○ 殿

[申請日]（西暦）　　年　　月　　日
[申請者] 所属
氏名

私は、就業規則第○条に定める副業・兼業に関する定めに基づき、下記のとおり申請／報告します。

副業・兼業先の状況	事業の名称	
	所在地または就業場所	
	電話番号	
	主たる事業内容	
	本人が従事する業務内容	
	就業形態	□自営　　□ 役員として参画　　□ 雇用契約 □業務委託契約　　□ 委任契約　□ その他(　　　　　)
就業期間	（西暦）　　年　　月　　日 ～ 　　年　　月　　日 □ 期間の定めなし	
許可基準	申請内容が次のいずれかに該当する場合は原則として許可されません。 ■ 業務の内容が同業他社での就労等、不正な競業に当たる場合 ■ 副業での過密な長時間労働・深夜労働等により心身の健康を害するおそれのある場合 ■ 当社の営業秘密の不正な使用・開示を伴う場合 ■ 業務の内容が賭博業、風俗業等、公序良俗に反し当社の社会的信用を傷つけるおそれがある場合 ■ 法律に違反する場合 ■ 副業・兼業先での業務と当社における労働時間を通算した場合に、当社において割増賃金の支払義務が追加発生することとなる働き方である場合 ■ その他、将来的に当社の直接的、間接的な利益を損なうおそれがあると判断した場合	
特記事項		

注１：申請内容に変更があった場合は、その都度、再申請を行ってください。
注２：当社が定めるタイミング（６ヶ月ごと）で本申請書にて継続申請・定期報告を行ってください。
注３：本申請を行わず、副業・兼業の事実が発覚した場合には就業規則第○条に定めるところにより懲戒処分とすることがあります。

47 オリンピック観戦のため14日間欠勤。届出をしていれば 無断欠勤にはならない？

Q ある社員が欠勤の届出をしたうえで14日間欠勤をしたのですが、欠勤の理由は「平昌にオリンピックを見に行きたいから」というものでした。当社の就業規則では「無断欠勤が14日以上に及んだとき」を懲戒事由としているのですが、届出をしている以上、無断欠勤とはいえず、懲戒処分はできないのでしょうか。なお、当社の業務は、オリンピックとは全く関係がありません。

職場規律違反

裁判例によれば、懲戒事由としての「無断欠勤」は、従業員が正当な理由なく欠勤できるとすれば、企業内の秩序を乱し企業活動に支障を生じさせることになるとして、届出をしていたとしても正当な理由がない欠勤を含むとされています（福岡高判昭55.4.15、東京高判平3.2.20）。

したがって、本設問の欠勤は、懲戒事由である「無断欠勤」に該当し、懲戒処分をすることが可能であると考えられます。

では、正当な理由のある欠勤であるが、欠勤の届出をしていない場合は「無断欠勤」に該当するのでしょうか。

これについては、欠勤の届出をしていない理由を検討すべきであり、欠勤の届出をすることができないやむをえない事由がある場合や、会社が届出は不要と思わせる言動をしていたような場合は「無断欠勤」に該当しないと考えられます。

133

労働契約とは、労働者は使用者に対し労務提供する（いいかえると「働く」）ことを約束して、その見返りとして賃金を得るというものです。ですから、その約束を不合理な理由で守らなかったならば、債務不履行（約束破り）となります。

　昨今は、残業命令に応じてくれない、休日出勤命令に応じてくれない、あまりにも自分本位な理由でたびたび欠勤する、といった従業員への対応についてのご相談が増えていますが、そもそも労務提供することを約束して契約に至っているということを従業員は忘れてしまっているかもしれません。労働法が労働者を守るためにあるものであることは間違いありませんが、一方では、契約当事者として義務もあるのだということを折りに触れて話し合う機会をもつ意義がありますね。

　なお、就業規則において欠勤をするための要件として、「事前に会社の許可を得ること」を定めておくことをお勧めします。届出さえすれば休めるんだ、と勘違いしている労働者もなかにはいるようですから。

48 遅刻を繰り返しているのに遅刻届を出さない従業員に始末書を求めたところ提出を拒否。懲戒処分したいけど問題ありますか？

> **Q** 当社の就業規則では、訓戒処分を受けた者は始末書を提出しなければならず、また、始末書の提出を命じられたのにこれに従わなかった場合は、出勤停止処分となるとされています。なお、始末書には、①問題を発生させた理由の報告、②問題を起こしたことへの謝罪と反省、③今後、同様のことをしないことの誓約を書くことになっています。
>
> 当社では、遅刻した者は遅刻した理由を記載した遅刻届を提出しなければならないのですが、遅刻を繰り返しているのに全く遅刻届を提出しようとしない従業員がいたので、訓戒処分とし、始末書の提出を求めました。
>
> ところが、その従業員は、始末書の提出を拒否しています。この社員を出勤停止処分にしようと思っているのですが、問題ないですか？

始末書の不提出に対する懲戒処分の可否に関する裁判例は、肯定するものと、否定するものとに分かれています。

肯定するものは、従業員は企業秩序を遵守する義務を負っているのであるから、始末書の提出を強制することが、従業員の人格を無視し、意思決定ないし良心の自由を不当に制限するものでない限り、使用者は非違行為をした従業員に対し、事態を報告し、陳謝の意思を表明する程度の内容の始末書の提出を命ずることができ、従業員が正当な理由なくこれに従わな

い場合は、これを理由として懲戒処分をすることができるとしています（青森地弘前支判平 12.3.31、大阪高判平 18.2.10）。

一方、否定するものは、始末書の提出の強制は個人の意思の尊重という法理念に反するものであり、始末書の不提出を理由として懲戒処分をすることは許されないとしています（大阪高判昭 53.10.27、徳島地決平 9.6.6）。

以上の裁判例からすれば、謝罪や反省を含む始末書の提出を求め、その不提出を理由に懲戒処分することの可否については、明確な答えがないといわざるをえません。

しかし、謝罪や反省を求めない場合は反対説によっても適法となるでしょうし、逆に、謝罪や反省を強く求めるような場合（例えば、反省の気持ちが伝わらないなどとして、書き直させるような場合）は、肯定説によっても違法になると思われます。

始末書が、いわゆる「反省文」である場合は、これを強制することが人格権の侵害としてパワハラよばわりされるご時世なのかもしれません。

会社は、始末書の提出を求める際に書面による懲戒処分通知を行い履歴を残しておきましょう。

また、処分決定前に、顛末書として事案の発生時期、その原因、経緯等の事実を報告させる書面の提出を求めてはいかがでしょうか。これは人格権を侵害するものではなく、業務命令として有効になしえますし、処分決定の一助となりましょう。

49 性同一性障害者の男性が、許可なく女性の服装で勤務しています。懲戒処分としていいのでしょうか？

Q 当社のある男性社員が女性の服装で勤務したいとの申し出をしてきました。しかし、男性社員が女性の服装で勤務することになれば、他の社員や取引先が違和感・嫌悪感を抱くことが予想されたので、この申し出を認めませんでした。ところが、その社員は、我々の指導を無視して女性の服装で出勤してきました。そこで、「女性の服装で勤務してはならない。この命令に違反した場合は懲戒処分を行う」との業務命令を出しました。しかし、その社員はなおも女性の服装で出勤してきています。懲戒解雇を考えているのですが、大丈夫でしょうか。なお、その男性社員は、性同一性障害との診断を受け、治療を受けていると聞いています。

服務規律違反

近年になり性同一性障害に対する社会的な認知が高まり、労務管理の分野でも、性同一性障害を抱えた従業員をどのように取り扱うべきかという問題がクローズアップされるようになってきました。

設問と類似の事案で、裁判所は、社内外への影響を考え、当面の混乱を避けるために、女性の服装をして就労しないよう求めることは有効な業務命令といいうるが、性同一性障害との診断を受けている当該社員が女性の服装で勤務したいと考えることは理由のあることであり、このような当該社員の事情を踏まえた対応をすれば、女性の服装で出勤したとしても、企業秩序または業務遂行に著しい支障を来たすとはいえないとして、懲

戒解雇を無効としました（東京地決平14.6.20）。

　懲戒解雇ではないより軽い処分であれば許されるのか、医師の診断を受けていない場合はどうなるのか等、不明確な点は多く残されていますが、この裁判例は、性同一性障害の従業員に対する配慮の必要性を正面から認めたという点で重要といえます。

　性同一性障害にとどまらず、性的少数者（セクシュアル・マイノリティ）に該当するいわゆるＬＧＢＴ（Lesbian（レズビアン、女性同性愛者）、Gay（ゲイ、男性同性愛者）、Bisexual（バイセクシュアル、両性愛者）、Transgender（トランスジェンダー、性別越境者）の頭文字をとった単語）の方の人権保護の機運が高まっています。

　企業においては、ダイバーシティ推進の一環として、または人権啓発などの観点からＬＧＢＴへの差別禁止や理解促進を掲げ、ＬＧＢＴフレンドリー企業として支援制度を整えるところも増えてきています。

　このような時代背景から考えても、直ちに懲戒処分対象とすることとせず、会社としてどのような対応・配慮・支援ができるかを検討する機会を持っておきたいものです。

50 我が社では「社長命令即実行」と横断幕が掲げられています。これに違反すると懲戒処分を受けます。これも、定めておけば「アリ」なのですか？

Q 弊社では、社長の命令が「絶対」の力を持っています。社長命令が下された場合は何を差し置いても最優先に取り組み、即実行しなければならないことになっています。入社してから知ったことなのですが、こういった服務規律がある以上、不合理に思っても従わなければ懲戒処分されてしまうのでしょうか。

　　　　　Q１で述べたとおり、使用者が従業員を懲戒するには、あらかじめ就業規則に懲戒の種別および事由を定め、その内容を事業場の労働者に周知させる手続きがとられていることが必要です。

　もっとも、就業規則に懲戒の種類および事由が定められていれば、内容の合理性は問われずに懲戒できるかというとそのようなことはなく、その内容は企業秩序の維持という懲戒処分の意義に照らして合理的なものでなければなりません（労契法７条）。

　したがって、懲戒事由自体が企業秩序維持との関連性がないあるいは希薄であるような場合（例えば「就業時間中は水分補給してはならない」との服務規律がある場合で、就業時間中に水を飲んだことをもって懲戒事由とするとき）は、そもそも懲戒事由に合理性がないとして、このような規定に基づく懲戒処分は無効となります。

　そして、懲戒事由自体そのものは企業秩序維持との関連性が認められる場合であっても、懲戒事由該当性の判断にあたっては、その行為を懲戒することが当該懲戒事由が目的とする企業秩序の維持に合致するといえるかという観点からの限定的な解

釈がされることになります。

　設問でいえば、仮に、服務規律において、従業員は「社長の命令」に従わなければならない旨が定められており、それに違反した場合は懲戒となる旨の規定が存在するとしても、従業員が従わなければならない「社長の命令」は限定的に解釈され、企業秩序維持とは無関係な不合理な命令は、従わなかった場合に懲戒事由となる「社長の命令」に含まれないと解釈することが考えられます。

　設問は従業員からの質問ですが、会社の立場からすれば、就業規則の定めがあったとしても、現実に懲戒処分をするにあたっては、懲戒事由の合理性および懲戒事由該当性が吟味されることを認識し、安易に懲戒処分することは控えるべきでしょう。

　このご質問から相当強烈な社長が想像されますね。定着率や従業員の満足度が心配になりますが、社長の命令が常に合理的ならば、それに従うことが求められるでしょうし、その命令が何よりも優先すると常に判断されるものならば、即実行することも求められることでしょう。しかし、その横断幕が掲げられている真の理由は、懲戒処分をするためとか職場を硬直的に規律するためではなく、別のところにあるようにも思えます。

　どういった背景でそのようなルールが定められたのか、職場内でコミュニケーションをとる機会を設けて、社長と従業員との間にある溝を埋めていく工夫をしてみてはどうでしょうか？職場は本来「誰かを働かせる、誰かに働かされる」という関係で成り立つものではなく、共に支え合い、それぞれが自分の得意なことを発揮して社会のために活動することができる場であるはずです。そのことを共に理解し分かち合っていけたらいいですね。

51 業務上、所持品検査を日常的に行っていますが、拒否する従業員がいました。懲戒解雇できますか?

Q 当社は金属加工業を営んでいます。当社の取り扱う金属は貴金属であり、加工せずに素材のまま売却したとしてもそれなりの値段で売ることができます。したがって、従業員が素材を工場外に無断で持ち出すことが考えられ、逆に持ち出されてしまうと当社の損害が大きいことから、当社では、就業規則に「製品に限らず日常携帯品以外の物品を工場外に持ち出すときは、責任者より持出証を受けとり、これを守衛に差出して点検を受けなければならない。所持品の検査を要求された場合、これを拒むことはできない」という規定を設けています。所持品検査は日常的に実施しているのですが、これまで、拒否した従業員はいませんでした。ところが、今回、不審な包み紙をもった従業員がいたため、担当者が声をかけ、包み紙の中身を見せるよう指示したところ、その従業員は「中身は見せられない」と言って、立ち去ってしまうという事案が発生しました。このようなことをされては他の従業員に示しがつかないので、懲戒解雇しようと思います。大丈夫でしょうか。

業務命令違反

　懲戒解雇の前提として、所持品検査はプライバシー侵害のおそれがあることから、会社は従業員に対する所持品検査をすることが許されるのかという問題があります。

　この点につき、判例は、所持品検査が許されるためには、就業規則等に根拠規定があるというだけでは足りず、所持品検査を必要とする合理的理由があり、妥当な方法と程度で行われ、

制度として従業員に対して画一的に実施されることが必要であるとしています（最判昭 43.8.2）。

　設問の会社は、就業規則に根拠規定があり、会社の重要な資産である貴金属を工場外に持ち出させないようにするという点で所持品検査を必要とする合理的理由を肯定でき、また、声をかけて開示を求めるという方法は穏当ですし、今回だけでなく日常的に実施しているということで制度として実施されているともいえそうです。

　したがって、設問では、所持品検査を無視したことをもって懲戒すること自体は可能であると考えられます。しかし、問題は懲戒解雇までできるかという点です。

　これについては、当該従業員が所持品検査を拒否した理由、所持品検査拒否でいかなる悪影響が発生したのか、それまでの処分歴などをふまえて検討する必要があり、設問ではこれらの点が明らかではないことから、まずはそこを調査するべきしょう。

　なお、所持品検査の有効性を認めつつ、これを拒否した従業員の懲戒解雇は無効であるとした裁判例として、福岡地小倉支判昭 46.2.12、横浜地川崎支判昭 50.3.3 等があります。

　日常的に従業員の所持品の検査を実施していない職場で、唐突にこれを実施するのは横暴ということになりますね。一方で、「来月から防犯上の理由から所持品検査をすることになったので、よろしくね」と予告した上で適正に運用していけばよいのでしょう。抜き打ち検査をされたら.... 恥ずかしい持ち物をカバンに入れている人もいるでしょうしね。

なお、私が出入りするお客様企業では、ビルエントランスで警備員による所持品検査を実施しているところが一定数あります。

　余談ですが…
　神戸市交通局「死の抗議事件」というのをご存知でしょうか。
　女性バス車掌が市の交通局より所持品検査を受けた際、手袋の中に 500 円札を小さく折りたたんで入れてあるのが見つかり、これについて約 4 時間にわたる調査が行われたほか裏付け調査と称して自宅で父母に面接、財布の中を調査したというもので、その後この女性バス車掌が「私は絶対に不正はしておりません」等と記した遺書を残して自殺したというものです。これを受けてか、所持品検査については特に人権擁護上許される範囲を超えたものがなされないよう、厳格な判断が裁判でも取られているように思います。「おしん」を思わせるエピソードだなと思う私は、もう古いほうの人間かもしれません。

業務命令違反

52 人事異動の命令を無視。懲戒できますか？

Q 当社は24時間体制で営業しています。この度、午前9時から午後6時までのシフトで勤務する部署に配属されていた女性社員を、午後6時から午前3時までのシフトで勤務する部署に異動させました。しかし、その女性社員は「私が入社したときは、就業規則で、女性社員は午後10時から午前5時までの深夜労働が禁止されていた。だから、私と会社との契約は、深夜勤務はさせないという内容になっている」と主張して、新しく配属された部署での勤務を拒んでいます。率直に申し上げて、この女性社員は、すぐに労基署に駆け込んだり、上司とやたらに対立するので、面倒な社員だと思っています。深夜労働の部署に配属すれば、音を上げて会社を辞めるのではないかと考えたのは否定できません。それはさておき、今回は明らかに配転命令に違反していると思うので、この機会を利用して、懲戒解雇しようと思っています。大丈夫でしょうか。

　業務命令違反が懲戒処分の理由となりうることは異論のないところです。しかし、業務命令違反があれば直ちに懲戒処分できるかというと、そうではなく、業務命令自体が有効なものであるかという検討が行われる必要があります。

　設問のケースは、配転命令という業務命令違反が懲戒解雇事由となるかという問題ですので、まずは、配転命令の有効性が検討されることになります。

　この点、判例（最判昭61.7.14）は、配転命令につき業務上

の必要性がない場合、または、業務上の必要性が肯定できる場合であっても、その配転命令が他の不当な動機・目的をもってなされたものであるとき、もしくは、労働者に対し通常甘受すべき程度を著しく超える不利益を負わせるものであるときは、当該配転命令は、権利の濫用により無効となるとしています。

　設問についていえば、この女性社員を退職に追い込むために深夜労働の部署に配転したという背景事情があるようですから、不当な動機・目的でされた配転命令であり、無効である可能性が高そうです。また、採用時の就業規則の内容に照らして、深夜の時間帯に勤務する部署での勤務を命じない旨の労働契約が成立しているとして、配転命令は無効とする考え方も成り立ちそうです（神戸地判平 16.2.27）。

　したがって、本設問への回答は、「懲戒解雇をしても無効となってしまう可能性が高い」ということになると思われます。設問は懲戒解雇は可能かという問いですが、その他の軽い処分であったとしても、無効となると思われます。

　なお、子どもを保育園に預けている共働きの女性従業員に対し、目黒区から八王子市への異動を命じたところ、これに従わなかったために出勤停止にし、女性社員がそれでも異動を受け入れなかったことから懲戒解雇をしたという事案につき、当該懲戒解雇は有効とした判例があります（最判平 12.1.28）。

業務命令違反

どうやら、懲戒処分を実施する前に、今回の配転命令に応じないという業務命令違反が有効に成立するためには、次の2つのポイントがキーとなりそうですね。

①配転命令

　配転命令が有効かどうかは、配置転換が予定されている雇用契約を締結しているのかどうかによりましょう。通常、正社員として雇用されている場合は就業規則に定める労働条件について包括的に合意をした上で採用されているはずで、就業規則には配置転換にかかる定めが置かれているでしょうから、配転命令に服する義務が労働者にはあります。

　ところが、雇用契約が曖昧であったとか、就業規則を周知できていなかったなどのために会社として自信をもって「配転アリ契約だった」といえないケースが散見されます。雇用契約の書面による取り交わしと就業規則の周知が重要です。

②労働条件の変更

　この女性労働者が主張するとおり、確かに平成11年4月の労働基準法の改正以前には、女性については残業の規制や深夜業の禁止などの措置がとられていたのですが、同改正により、原則として、妊産婦（妊娠中および産後1年以内の女性）に関する規制を残して、ほかは撤廃されました。これを受けて、就業規則でも女性の深夜業を禁止する旨の規定は削除されているはずで、そうであれば、改正された就業規則が周知された時点からは労働条件が変更になったということになります。

この点でも、就業規則が周知されていることが重要ですね。

53 自宅待機を命じていたのに、なんと！無断で旅行に!! これは処分を重くする事情になるの？

Q 懲戒処分決定までの間、自宅待機を命じていた従業員。調査ヒアリングのために出社を命じたところ、自宅から離れ沖縄旅行に行っていることが判明しました。このことを理由に懲戒処分を重くしたいのですが、大丈夫ですか。

　自宅待機命令は、自宅に待機することを命じる労働契約上の一般的な指揮命令権に基づく業務命令ですので、これに違反していれば、懲戒の対象となりえます。
　問題は、自宅待機命令の中身です。このケースの自宅待機命令は、文字どおり、自宅に待機することを命じていたのでしょうか。それとも、出社を禁止することを自宅待機命令と呼んでいるのでしょうか。
　前者であれば、自宅待機を命じられたにもかかわらず、自宅に待機していなかったのですから、業務命令違反として懲戒処分をすることは可能でしょう。ただし、外出を禁止するという厳しい行動の制約を伴う命令をする必要があったのかという形で、この命令自体の合理性が問題となり、自宅待機命令自体が無効（結果として、それに違反したことを理由とする懲戒処分も無効）となる可能性があります。なお、このような命令であっても、業務命令である以上、自宅待機が義務づけられるのは、勤務時間内だけであって、例えば、休日に遠方に日帰り旅行をすることは、問題ありません。
　しかし、後者の場合は、「出社しないことを命じられている

業務命令違反

だけで、勤務時間をどのように過ごすかについては決められていないから、自宅に待機することは義務づけられていない。よって、自宅から離れ旅行をしていても、業務命令に違反したとはいえない」と解される余地があります。

　したがって、懲戒処分をする前に、いかなる内容の自宅待機命令をしたのかを確認するべきです。

　　　　　自宅待機命令を発する際にも、書面で行うようにしましょう。その上で、実際に自宅に待機することを求める場合は、Q27で取り上げた自宅待機期間中の賃金は、休業手当相当額ではなく、通常賃金とすることが妥当です（危険回避のために出社させないことに合理性があり無給とするときを除く）。

書式例：自宅待機命令書

自宅待機命令書

平成　年　月　日

_____殿

○○株式会社
代表取締役○○　○○　㊞

　貴殿が平成○年○月○日に○○・・・・・・・・・を行った行為について、現在当社にて調査中です。

　つきましては、当社就業規則第○条○項に基づき、調査に必要な下記の期間、自宅にて待機することを命じます（なお、調査の進捗状況等の事情によっては同期間を延長する場合があります）。

　調査の必要に応じて、出社を求めることがあり得ますので、所定勤務日については、すみやかに出社できるようにしてください。ただし、今後は当社の指示なく業務や出社をされないようご注意ください。

記

平成○年○月○日から同年○月○日まで

以　上

業務命令違反

149

54 お客さんからこっそりもらった商品券。これを会社に報告しなかった従業員を処分できる？

> **Q** 客先回りを担当していた営業社員の人事異動があり、新任担当者が配属されました。新任担当者に交替してから、客先から前任者に対し、中元や歳暮の時期に、商品券やビール券が渡されていたことが発覚しました。過去に担当していた営業社員は、このことを会社には報告せずにいたようです。今から商品券相当金額を返還させ、無報告と着服を理由に懲戒処分することはできるでしょうか？　なお、当社の就業規則には、懲戒事由として「職務上の地位を利用して私利を図り、または取引先等より不当な金品を受け、若しくは求め又は供応を受けたとき」との規定があります。

懲戒処分は、企業が企業秩序違反行為をした従業員に対して課す制裁罰であり、刑事罰と類似性を持つため、刑事手続きにおける諸原則を参照すべきとされています（Q2参照）。

その諸原則の1つとして、刑罰法規はどのような行為が処罰の対象となるのかが明確でなければならないとする明確性の原則があります。今回のケースはこの明確性の原則から検討する必要があります。

会社としては、無断で取引先からビール券や商品券を受け取ることは問題であると考えているようですが、このような行為を規制すること自体は合理性があるといえます。

しかし、中元や歳暮にビール券や商品券を取引先に贈ること

は社交儀礼としても見られることであり、額面の多寡による部分はありますが、従業員としては、全く問題のない行為であると認識していた可能性もあります。

　この点、今回のケースで懲戒事由となる「職務上の地位を利用して私利を図り、又は取引先等より不当な金品を受け、若しくは求め又は供応を受けたとき」は、従業員が取引先から不正な利益を得ることを防止する趣旨であることは明らかですが、具体的にどのような行為が規制対象なのかは一義的に明らかではありません。

　今回のケースで懲戒処分をした場合、受け取ったビール券や商品券の額面が低ければ、懲戒事由に該当しないとの判断をされてしまう可能性があります。

　仮に額面を問わずビール券や商品券の授受を禁止したいのであれば、その旨を明確に懲戒事由として定めるべきです。

　　　懲戒処分を科すかどうかの前に、取引先が贈答をしてくれていることを会社が把握していないのは好ましくないですよね。
　　　企業の方針として、金品の授受を一律に禁止するか、報告することを求める等、取扱いのガイドラインを作成し社内周知することからスタートしましょう。
　いただいた商品券等を部課単位等で一括管理し、年末にくじ引きで分配するなどの工夫をしている企業もあります。

　社内での取扱いルールが明確に決まっていない場合、社交儀礼の範囲内となる可能性がある本件をただちに懲戒処分対象とするのは、かなり危険のようですね。

55 売上を着服した従業員を処分する上での注意点は？

> **Q** 当社はタクシー会社ですが、ある従業員がお客様から受け取ったタクシー料金を着服したことがわかりました。金額は12500円です。本人は着服を否認しています。このような不届き者に対しては断固たる処置をとるべきと考えており、懲戒解雇を検討しています。懲戒解雇をすることに問題がないか、アドバイスをお願いします。

　窃盗や横領は、会社に対する重大な背信行為であり、懲戒解雇を含む重い処分も有効と判断される可能性が高いといえます。例えば、ワンマンバスの運転手が3800円を着服した事案につき、懲戒解雇を有効とした裁判例があります（長野地判平7.3.23）。

　窃盗や横領に対し懲戒処分をする場合の問題は、いかなる処分を選択するかよりも、むしろ、窃盗や横領の事実をきちんと立証できるかという点にあります。

　裁判になれば、事実の認定は慎重にされることになりますので、懲戒処分をするのであれば、従業員が事実を否定したとしても、それを覆せるだけの客観的な証拠を用意しておくことが重要です。

　この点、注意しなければならないのは、従業員が犯行を認めた旨の自認書等の取扱いです。裁判例では自認書があるにもかかわらず、作成経緯（会社の担当者が約3時間にわたり当該従業員が犯行を行ったものと決めつけて聴取を行った末に自認書

が作成された）等を問題として、信用性を否定したものがあります（東京地判平 6.3.2）。会社としては、自白に頼らず、事実を立証するという姿勢が求められます。

　　料金授受に労働者が直接関与する、タクシー運転手、バス運転手、配置薬などの訪問販売、少人数で運営している小売店舗等では、よく起こる問題です。裁判例も多いです。裁判の判断では、1 回かつ些少な額の不正であっても、発覚した以上は他の従業員への戒めの意味で厳正に処分する必要があることが認められています。どうしても、料金授受が上司の監督の及ばない場所で行われるものであり魔がさしやすい環境であるため、不正をなしたときの処分が重いことを知らせておくことで、抑止力をつけておかないといけないからでしょう。

　同時に、会社としては、こういった不正が行らないような取組みも重要ですよね。たとえば、ドライブレコーダー（車載カメラ）を導入する等が考えられます。

横領着服

56 減給の制裁に上限はあるの？

Q スーパーを経営しています。今回、ある従業員が取引先からパンの納入を受ける際、納品書記載の数よりも少ない数の商品しか受入れしていないことが分かりました。どうも、その差分は、別の小売店へ卸していたようで、その受入差分に相当する価額の一定割合をリベートとして受け取っていたことが発覚し、減給処分に処することとしました。

事案の重大性から、6カ月間、給与の10％を減額する処分としたいと考えているのですが、このような処分は妥当でしょうか？

労基法91条は「就業規則で、労働者に対して減給の制裁を定める場合においては、その減給は、1回の額が平均賃金の1日分の半額を超え、総額が一賃金支払期における賃金の総額の10分の1を超えてはならない」と規定しています。

同条の文言はややわかりにくいのですが、同条は、懲戒対象である1つの事由に対する減給は平均賃金の1日分の半額を超えてはならず、また、複数の事由に対して減給する場合は、その総額が賃金支払時期の賃金の10分の1を超えてはならないということを規定しています（昭23.9.20 基収1789号）。

なお、同条は、労働者が具体的賃金請求権を取得していることを前提に、制裁としてこれを減給する場合に適用される規定ですので（広島高判平13.5.23）、遅刻・早退等の場合にその時

間分に対応する賃金をカットする場合や、出勤停止処分に伴う賃金の不支給の場合は同条の適用はありません。

設問のケースはあくまでも1つの事由に対する懲戒処分として減給をしようとしているものと理解できるので、「6カ月間、給与の10％を減額する処分」は、平均賃金の1日分の半額を超えた部分については、同条に違反し、無効となると思われます。

ちなみに、国家公務員については、人事院規則において、「減給は、一年以下の期間、俸給の月額の五分の一以下に相当する額を、給与から減ずるものとする」との規定があり（人事院規則1210・3条）、1年以下の期間につき、俸給の月額の20％まで減給することができます。

行政の長がなした不祥事を受けて「半年間、俸給10％減給」などと報じられることがあり、あたかも、ひとつの事案について1カ月を超える期間減給することができるように思えますよね。しかし、竹村先生のアドバイスのとおり、公職にある方と一般の労働基準法の対象となる労働者では、減給制裁の上限の考え方が異なります。

ところで、今回のご質問のようなケースでは、会社が受けた不利益は、減給の制裁ではなく損害賠償請求として行うことのほうが現実的でしょう。懲戒処分は、企業秩序の維持と再発防止のために行う「お灸」みたいなものですから、失った利益を取り戻すために行う賠償請求とは別にして考えないといけないのです。

ひとことメモ④　　　立証責任とは？

　立証責任とは、ある事実が存在するか存在しないかはっきりしないときに、その事実が存在しないものとして取り扱われることになることによって、不利益を受けることをいいます。

　この定義も正確なものではないのですが、わかりにくいと思うので、もう少し具体的にいうと、お金を貸した人が、そのお金の返済を借主に請求する場合、裁判では、貸主は「お金を貸した」という事実の存在を証明しなければならず、その事実が証明できなかった場合は敗訴となってしまうのですが、この、ある事実を証明できないことにより敗訴してしまうリスクのことを立証責任といいます。

　懲戒処分においては、この立証責任は、会社が負担します。つまり、懲戒事由に該当する事実の存在は、会社が証明しなければならず、証明できなかった場合は、懲戒事由に該当する事実がなかったとして懲戒処分は無効となってしまうのです。

　立証責任は、極めて重要な概念であり、正確な定義はわからなくても、少なくとも「懲戒をするには、懲戒の理由となる事実は会社が証明できなければ負けてしまう」というレベルでは、理解しておくべきです。

156　第2章　各論

57 社内不倫に対して、どのような懲戒処分ができますか？

Q 当社のある男性社員が、夫と子どもがいる同僚の女性社員と不倫をしていることがわかりました。女性社員が男性社員の住むマンションに出入りするところを他の社員に見られたり、ふたりが会社で弁当のおかずを交換して食べたりしていたため、ふたりの関係は、以前から、社員の間で噂になっていました。そこで、人事部長が本人たちから事情を聴いたところ、交際を認めたため、人事部長は「プライベートなことだから干渉はできないが、不倫はやめたほうがいいと思う」と忠告しました。しかし、二人は交際を続けており、他の社員から「あれはおかしい」という声が上がっています。当社の就業規則には懲戒事由として「社内の風紀を乱したとき」というものがあります。これに基づいて懲戒処分をしようと思うのですが、大丈夫でしょうか。

不倫は当事者間では損害賠償責任を生じさせるものですし、社会的に非難を受けうる行為であるといえます。しかし、懲戒処分は企業の秩序を維持するために行われるものですので、懲戒事由としての「社内の風紀を乱したとき」に該当するというためには、不倫関係にあることによって、会社の企業秩序に具体的な悪影響を及ぼすものであることが必要であると考えられます（旭川地判平元.12.27）。

設問でいえば、女性社員の夫が会社に乗り込んできて、その

私生活上の非行

対応のために業務に支障が生じたという事情があれば、懲戒事由該当性を肯定できると思われますし、逆に、そのような事情が認められないのであれば、懲戒事由該当性は否定されると思われます。

　　意外に感じられる方も少なくないかもしれませんが、社内不倫をしているという事実だけでは、懲戒処分にするのは難しいようです。私生活上の事象ですので当事者間の問題であって、会社が関与するようなものではないからです。
　それにしても、社内不倫または取引先企業従業員との不倫等についての対応相談は後を絶ちません。
　実務上は、両当事者に事実関係を確認することによって未来へ向けて不適切な行動を抑制することとする程度にとどめざるを得ないケースが多いのではないかと思います。
　なお、セクハラトラブルのうち一定数の事案は、当事者間で親密な関係にあった時期がある、という事実が明らかになります。「社内恋愛」は、結婚という喜ばしいゴールにたどり着くこともありますので一律に禁止はできませんが、節度ある行動を意識させるような取組みが会社に求められます。

58 業務終了後に酒気帯び運転で逮捕されたタクシー運転手を懲戒解雇するのは問題ない？

Q 当社はタクシー会社です。当社の運転手が酒気帯び運転で逮捕されました。業務終了後に飲食店で飲酒したにもかかわらず車を運転して帰宅しようとしたところ、検問に引っかかったようです。会計を済ませたあと、飲食店の店員は運転代行を呼ばないのかと尋ねたそうですが、返事もせずに店の外に出て行き、そのまま帰ってしまったそうです。また、当初は呼気検査を拒否したようです。なお、この運転手は過去にも飲酒運転で罰金を受けたことがあります。飲酒運転は懲戒解雇事由としているので、懲戒解雇しようと思っています。問題はないでしょうか。

職場外の非行については、従業員の私生活上の言動であっても、企業秩序に直接の関連を有するものや、企業の社会的評価の毀損をもたらすものは、懲戒の対象となりうるとされていますが、懲戒事由該当性（特に解雇の場合）の判断は慎重にする必要があるというのが裁判所の基本的なスタンスであるといえます。

飲酒運転についても、過去の裁判例においては、懲戒解雇は無効とする判断がされることが多かったといえます。

しかし、飲酒運転に対する社会的非難の高まりを受けて、最近では、飲酒運転を理由とする懲戒解雇を有効とする裁判例が見られるようになってきました。

例えば、県の職員が記憶が曖昧になるほどの飲酒をしたにもかかわらず運転をし、しかも、運転中に携帯電話を使用しようとして物損事故を起こしたという事案につき、懲戒解雇を有効としたもの（高松高判平23.5.10）や、大手運送会社のセールスドライバーが業務終了後に酒気帯び運転で検挙された事案に

つき、懲戒解雇を有効としたもの（東京地判平19.8.27）等があります。

　もっとも、これらの事案は、飲酒運転が他の職業以上に許容されないと思われる公務員あるいは大手運送会社のドライバーという属性に着目して、懲戒解雇という重い処分を認めた可能性があり、一般的に「飲酒運転による懲戒解雇は有効」といえるかどうかは微妙なところです。

　設問の事案については、①タクシー会社のドライバーであること、②飲食店店員から運転代行を呼ぶことを提案されたのに無視し、呼気検査を拒否するなど、飲酒運転前後の情状が悪いこと、③過去にも飲酒運転で罰金刑を受けているのに、また飲酒運転をしており、再度、飲酒運転に及ぶ可能性も否定できないことをふまえ、懲戒解雇も可能であると思われます。

　職場外の非行について、懲戒処分を検討する際には、次の点を考慮材料としましょう。
①行為の悪質性…ドライバー職であれば当然飲酒運転が禁じられていることを知っているはず
②行為の結果…企業秩序に対して影響が及んだかどうか
③労働者側の情状…過去の処分歴・反省の有無等はどうか

　たとえば、一般従業員が飲酒運転で検挙されたが、原付バイクで自宅至近のコンビニに飲食物を買いにでたところで検問にあったもので悪質性が高いとは言えず、会社業務では運転をすることもないので行為の結果としても影響はなく、過去に同様の非違行為をなした履歴もなく十分に反省をしている、といった状況であれば、懲戒処分自体をしないということもあり得ます（そもそも、そのような方が会社に検挙された旨を報告してくることは稀有かもしれませんが・・・）。

59 ストーカー行為に及んでいた従業員を会社は懲戒できる？

Q 当社はテレビ番組の制作会社です。当社の男性社員がある番組にボランティアとして参加した女子大生に対し、ストーカー行為に及んでいたことが発覚しました。女子大生によると、交際を拒否したところ、その社員から連日のように電話をかけられたり、自宅におしかけられたり、尾行されたりしており、それが3カ月以上に及んでいたそうです。女子大生は警察に通報したほか、当社に番組制作を発注したテレビ局にもこの件を報告しており、そのテレビ局からは当面発注は見合わせると通告されてしまいました。社員本人は事実関係を概ね認めており、警察から事情聴取を受けているそうです。そこで、就業規則の「会社の名誉、信用を失墜させる行為」という懲戒事由に該当するとして、懲戒処分をしようと考え、その旨を社員に伝えたところ、「会社の外でしたことなのに、なぜ会社が懲戒できるんだ」などと開き直られてしまいました。懲戒できないのでしょうか？ ちなみに、この社員は、以前、当社の女性社員へのセクハラ行為を理由に出勤停止処分を受けたことがあります。

私生活上の非行

　判例（最判昭49.2.28）によれば、従業員の私生活上の言動であっても、企業秩序に直接の関連を有するものや、企業の社会的評価の毀損をもたらすものは、懲戒の対象となりうるとされています。
　もっとも、懲戒事由該当性を判断するにあたっては、慎重な

判断が必要であり、判例（最判昭 49.3.15）は、「不名誉な行為をして会社の体面を著しく汚した」という懲戒事由により懲戒解雇した事案につき、当該懲戒事由に該当するというためには「必ずしも具体的な業務阻害の結果や取引上の不利益の発生を必要とするものではないが、当該行為の性質、情状のほか、会社の事業の種類、態様・規模、会社の経済界に占める地位、経営方針及びその従業員の会社における地位・職種等諸般の事情から綜合的に判断して、右行為により会社の社会的評価に及ぼす悪影響が相当重大であると客観的に評価される場合でなければならない」としています。

　設問については、①社員が業務を通じて女子大生と知り合っていること、②社員が女子大生にしたストーカー行為は犯罪である可能性が高いこと、③反省がなく開き直っていること、④テレビ局から発注の見合わせを申し渡されるという実害が生じていること、⑤過去にも性的な行為を理由に懲戒処分を受けていることからすると、社員の行為が企業秩序に及ぼす影響は重大といえます。懲戒処分をすることは可能であり、また、懲戒解雇などの重い処分も十分に可能なのではないかと思われます。

　本件に関係する裁判例としては、鉄道会社の社員が電車内で痴漢をした事案（同種前科あり）につき、懲戒解雇を有効とした東京高判平 15.12.11、教員がデパートの食品売り場でジーンズの上から股間付近を手で触る等の痴漢行為をした事案につき、懲戒解雇を無効とした東京高判平 25.4.11 等があります。

162　第 2 章　各論

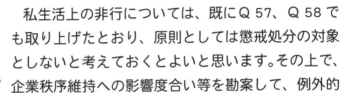
　私生活上の非行については、既にQ57、Q58でも取り上げたとおり、原則としては懲戒処分の対象としないと考えておくとよいと思います。その上で、企業秩序維持への影響度合い等を勘案して、例外的に処分対象とするかどうかを検討するというプロセスです。検討する際、新聞報道等で氏名が公表され、その結果、インターネット上で社名まで公表されるに至ったという事情を考えなければならない例が散見されます。

　ある会社の人事担当者さんがこぼした発言が印象的でした。「痴漢するなら洋服の上から！と声を大にして言いたいです。」と。一般的に、洋服の上からならば痴漢防止条例違反の域でこの事案は警察の生活安全課等の管轄になるようなのですが、洋服の中へ手を伸ばした場合、暴行罪が疑われ刑法犯罪として取扱われるため、刑事事件を扱う警察の担当部署による入念な聞き取り等が伴い、企業の人事担当者としても負担が多大であるとのことなのでした。
　読者の皆さまは、痴漢をするなら・・・ではなく、絶対に痴漢も（！）しないでください。

私生活上の非行

著者略歴

安中 繁（あんなか しげる）

ドリームサポート社会保険労務士法人　代表社員
立教大学社会学部卒
平成19年社会保険労務士登録・安中事務所開設
平成22年特定社会保険労務士付記

労使紛争の未然防止、紛争鎮静後の労務管理整備、社内活性化のための人事制度構築支援、裁判外紛争解決手続代理業務にあたる。新しいワークスタイルの選択肢である「週4正社員制度」の導入コンサルティングも得意とする。
大好物の生ビールは、1時間に6杯のペースで飲む。

竹村 淳（たけむら じゅん）

オレンジライン法律事務所
早稲田大学法学部卒業、早稲田大学法学研究科修士課程修了、東京大学法科大学院（ロースクール）修了
平成21年弁護士登録（東京弁護士会）

主として中小企業の企業法務を取り扱う。特に労働関係の事件の取扱いが多い。労働審判等の裁判手続きの経験多数。活動の詳細は https://orangeline-law.jp/ を参照。
散歩好き（東京駅→高尾駅、小樽駅→札幌駅を1日で歩いた経験アリ）

私たちは、働くルールに関する情報を発信し、
経済社会の発展と豊かな職業生活の実現に貢献します。

労働新聞社の定期刊行物のご案内

「産業界で何が起こっているか？」
労働に関する知識取得にベストの参考資料が収載されています。

週刊 労働新聞

タブロイド判・16ページ　月4回発行
購読料：42,000円+税（1年）21,000円+税（半年）

労働諸法規の実務解説はもちろん、労働行政労使の最新の動向を迅速に報道します。
個別企業の賃金事例、労務諸制度の紹介や、読者から直接寄せられる法律相談のページも設定しています。流動化、国際化に直面する労使および実務家の知識収得にベストの参考資料が収載されています。

安全・衛生・教育・保険の総合実務誌

安全スタッフ

B5判・58ページ　月2回（毎月1・15日発行）
購読料：42,000円+税（1年）21,000円+税（半年）

- 産業安全をめぐる行政施策、研究活動、業界団体の動向などをニュースとしていち早く報道
- 毎号の特集では安全衛生管理活動に欠かせない実務知識や実践事例、災害防止のノウハウ、法律解説、各種指針・研究報告などを専門家、企業担当者の執筆・解説と編集部取材で掲載
- 「実務相談室」では読者から寄せられた質問（人事・労務全般、社会・労働保険等に関するお問い合わせ）に担当者が直接お答えします！
- 連載には労災判例、メンタルヘルス、統計資料、読者からの寄稿・活動レポートがあって好評

上記定期刊行物の他、「出版物」も多数　https://www.rodo.co.jp/

労働新聞社　検　索

〒173-0022　東京都板橋区仲町29-9　TEL 03-3956-3151　FAX 03-3956-1611

中小企業は『懲戒処分』を使いこなしなさい

| 著　　者 | 特定社会保険労務士　安中 繁 |
| | 弁護士　竹村 淳 |

2018 年 7 月 20 日　　　初版
2020 年 1 月 20 日　　　初版 2 刷

発 行 所	株式会社労働新聞社
	〒173- 0022　東京都板橋区仲町29- 9
	TEL：03- 3956- 3151（代表）　　03- 5926- 6888（出版）
	FAX：03- 3956- 1611
	https://www.rodo.co.jp/　　　　pub@rodo.co.jp
表　　紙	オムロプリント株式会社
イラスト	渡辺 貴博
印　　刷	株式会社ビーワイエス

禁無断転載／乱丁・落丁はお取替えいたします。
ISBN 978-4-89761-712-1